万川
reflections

一步万里阔

她的实验室

一位女科学家走过的性别歧视之路

A LAB OF ONE'S OWN

ONE WOMAN'S PERSONAL JOURNEY THROUGH SEXISM IN SCIENCE

[美] 丽塔·考威尔
Rita Colwell
[美] 莎朗·伯奇·麦格瑞
Sharon Bertsch McGrayne
著

柯宁
译

中国工人出版社

致杰克·考威尔：

高尔夫冠军、杰出的学者、

成绩卓著的帆船运动员、慈爱的父亲、

我挚爱的丈夫。

若没有你，本书无法写就，

我的人生也不会如此幸福快乐。

——丽塔·考威尔（Rita Colwell）

致我的丈夫乔治·伯奇：

若没有你，

本书无法写就。

——莎朗·伯奇·麦格瑞（Sharon Bertsch McGrayne）

以下故事由丽塔·考威尔口述。

本书中其他人的相关经历，

来自考威尔博士和/或莎朗·伯奇·麦格瑞的采访。

为便于读者理解，

这些故事均以考威尔博士的口吻用第一视角讲述。

目录

前　言

不再隐没

耶鲁大学研究生玛格丽特·沃尔什·洛西特（Margaret Walsh Rossiter）[1]常在周五下午同一群知名科学史学家聚会喝酒。某日，她心生好奇，询问在场的大咖们："有没有女科学家呢？"那是1969年，她上过的课、课本里都不曾出现过女性科学家的身影。

"没有，"他们答道，"一个都没有。"

"居里夫人也不算吗，"有人问，"拿了两次诺奖那个？"

"没有，从来都没有。一个都没有。"他们如是说。

玛丽·居里不过是在她老公的实验室打杂、拌沥青铀的苦力。在一些世界顶尖男性学者看来，我们女科学家“子虚乌有”。

几年后，好奇心始终未泯的洛西特读到一本传记百科全书《美国科学界的男性》(*American Men of Science*)。书名虽如此，她却发现里面列了一百多位女科学家条目。由此，洛西特想申请一个教职，深入研究女科学家，可没有任何大学对这个课题感兴趣。而且，由于没人了解女科学家，她的提案也就无从评估，因此申请不到独立研究经费。

洛西特没什么钱，只好拉出了父母闲置的、破破烂烂的道奇老轿车，连续数月穿梭于美国东北部各女子学院的档案室之间。而后，她把搜索范围扩大至全国，在各地图书馆的地下室、阁楼里翻箱倒柜，四处寻觅女科学家的蛛丝马迹。一位国会议员谴责她研究女科学家纯粹是浪费纳税人的钱，这反倒帮洛西特打响了广告，她的行动由此被更多人知晓。不久后，她打算就该题材写一本书，又惹来了一位哈佛教授的讥笑:“这书恐怕写不了几页吧?”十几家出版社回绝了她的选题，因为尽人皆“知”——女科学家子虚乌有。

不管怎么说，洛西特写的历史三部曲《美国女科学家》(*Women Scientists in America*)的第一部终于在 1982

年正式出版了。它讲述了至今依旧鲜为人知的一群人的故事。翻开这本书，从事科研工作的女性会猛然发现自己并不孤单，看看我们那群知识分子精英前辈曾经作出了多么不凡的成就！而伟大的洛西特女士从此拓宽了学科的边界，开创了崭新的研究领域，后荣获麦克阿瑟基金会颁赠的“天才奖”，并在康奈尔大学担任讲席教授。

••

本书讲述了我作为科学家的一生，展现了我在其间经历的种种人和事。您将目睹一个女人踏入由男性主导（女性被抹除）的领域后所遭遇的种种。时至今日，科学界仍有许多男男女女深信胜任高水平科研的关键在于拥有 Y 染色体。他们依然认为，男性比具备同等条件的女性更适合搞科研。男科学家越受吹捧，就越不情愿带女学生。而高校又恰恰得从这些男性科研精英的实验室里招聘初级教员。

事先声明一下：本书绝非通篇牢骚。我拥有自己的实验室已将近六十个年头，一路闯荡科学界，助我的和碍我的人数比大致是 6 ∶ 1。即便如此，科学界终究是个无比保守的圈子，里头满是有权有势的男人（也有一些女人）。他们非常排外，排挤所有女性和非裔、拉美裔等一切有色人种，以及移民、性少数群体、残障群体等任何不符合典型“天才白人男性”形象的人。

科学界崇尚革故鼎新。可每每听到人家出于好意说“让更多女性对科学感兴趣”时，我仍不免有些恼火。根本用不着让更多女性对科学感兴趣。目之所及，到处是被隐没的身影——她们或在丈夫或男同事的实验室里，或在医学博物馆、图书馆，在政府机关，在全国各地的基层教学岗位上。多的是想做科学家的优秀女性。

但，一小撮手握权力的男人阻碍女性进入科学界的例子也比比皆是。几十年过去了，还有男人不承认自己的所作所为妨碍了出色的女人挥洒热情、发挥才干。

因此，我希望通过此书为女科学家们提供一些建议，教大家如何推开机会之门以及具体的方法论。因为女性一旦无视阻碍、大胆发声，定能取得成功。我们必须成功，因为每个国家的命运——包括国土安全、经济发展与社会稳定——取决于每一个个体。

第一章

不行，女孩不行！

1956年5月的一天，春光明媚。我与我高大英俊的未婚夫杰克·考威尔（Jack Cowell）漫步在普渡大学的校园里。他从美国陆军退役后，从德国回来继续念书。我俩几周前初次约会，便决定与对方结婚——过两个月就结。着实能算是闪婚了！当然了，我俩那会儿并不知晓，一段长达62年的幸福婚姻就此开启了。

走着走着，我们遇上了亨利·科夫勒（Henry Koffler）教授。

亨利·科夫勒个头虽小，但绝对是个响当当的人物。他是生物学系的中坚力量，同事们见他都发怵，与他面对面交谈更是让人胆寒。[1] 我这种"愣头青"本科生，见他一面堪比登天。但机不可失。我直接站在人行道上，兴奋地告诉教授，我打算在医学院办理延迟毕业，趁杰克读化学硕士时读个细菌学研究生。只要申到奖学金，这个计划就能实现。

"我们不会把奖学金浪费在女人身上。"科夫勒说，仿佛这是再浅显不过的常识。

我的第一反应是沮丧，紧接着是愤怒——既对这不公的政策，也因他那不屑一顾的态度。拿不到奖学金就没法继续求学。但我才不要让科夫勒得逞，不能让他遂愿看到我失意的样子。你说我没戏是吧？行啊——我暗下决心——总有一天我要让你知道，你错了。

••

我的父母都是意大利移民。我父亲路易·罗西（Louis Rossi）供职于马萨诸塞州贝弗利市的一家建筑公司，做石匠和园艺领班。波士顿北部海滨好几座大型庄园的网球场、游泳池、海堤皆出自他手，甚至还有一座障碍跑操场。少时在意大利，他只能去罗马天主教神学院念高中，学做牧师。一当上牧师，他便逃离了小镇，搭上了前往美国的船只。自此，除了出席洗礼、婚礼和葬礼，父亲再没踏进教堂半步。他告诉我们兄妹几个，礼拜天他最多在家做做饭，绝不掺和其他事儿。我们的母亲路易莎·迪帕尔马·罗西（Luisa DiPalma Rossi）只在罗马附近的小镇念完了小学，之后被迫弃学去她姑姑的蜡烛店打工。我父母在意大利成婚后，父亲先来了美国，过了几年，母亲再来会合。平时总是母亲带我们去教堂。

大萧条期间，父亲攒了3000美元现金塞在枕套里，藏在床底，然后用这笔钱在美国佬聚集的社区买了一栋三居室的房子，房子所在的学区不错。1626年，英国殖民者曾在贝弗利这座海湾小镇落脚。到20世纪初，不少意大利移民已扎根当地的建筑业和制鞋业。但意大利人在美国并不好过。[2] 多年前，联邦政府曾发布报告，称“某些犯罪行为是意大利人固有的”。热销周刊《周六晚邮报》更是刊发社论称“再不把南欧、东欧来的同性恋、外地佬和杂种鬼扫地出门，美国人的血统迟早要被搞杂，变成侏儒”。父亲来美国没多久，1924年《移民法案》便严格限制意大利人进入美国。而就在我出生前一年，普林斯顿大学面向白人男性做过一项民意调查，结果表明意大利人是第三大招人反感的族群，仅次于土耳其穆斯林和非裔美国人。

就在我们一大家子天主教徒搬进这片怡人的贝弗利

湾白人社区当夜，门口响起一阵敲门声。[3] 父亲去应门。来者自称市议员，代表街坊来送请愿信。他们许诺只要我们愿意搬走，就把房子的首付款赔给我们。“这房子我已经买了，”我父亲告诉他，“全款。”旋即闭门送客。三年后，1934 年 11 月 23 日，我，丽塔·芭芭拉·罗西（Rita Barbara Rossi），就出生在马萨诸塞州贝弗利市康宁街 113 号的这座房子里。

我父母总共生了八个孩子。一个女孩在 1918 年死于流感疫情。我前面还有个男孩，母亲生完他后得了产后抑郁症，他没到两岁便死于肺炎。我是幸存的第五个孩子。等我和弟弟们陆续上了学，母亲去了当地工厂做工。

作为父母，我爸妈无可指摘，但他们终究是活在传统的性别观念根深蒂固的年代。每天放学后，我跟姐姐得在家收拾床铺、做家务，兄弟们却可以去室外干活。他们吵个没完，惹得我心烦，但不公的分工才更让人恼火。虽然我不喜欢我的玩具马车，但他们也没资格擅作主张把它拆掉做成货车，还不让我碰。他们也不让我玩他们的积木，更别提每周日去亲戚家吃晚饭，哥哥弟弟们净收些羽毛头饰、玩具战斧之类的礼物，我和姐姐只有乖乖洗碗、搞卫生的份儿。五岁时我就下定决心，迟早要摆脱这种处境。我暗暗发誓：虽然当下没法反抗，但我决不要一辈子困在这儿。

少不更事的我一度以为邻居们都是上层中产。长大后，我才明白他们也都是工人阶级，有警察、公务员、庄园守门人，还有个在公立学校管锅炉的门房（他的老婆说他是“工程师”）。这些夫妇大多只有两三个孩子，所有女人都不搭理我妈，也不请她参加聚会。他们不光瞧不起我妈。我爸在前院种花，在后院种果树和蔬菜、养鸡养兔，沿着车道种的大丽花大如餐盘，邻居们纷纷对此嗤之以鼻。只准他们种天竺葵，不许我们种大丽花呗。我的大姐玛丽因为穿家传的旧衣裳遭到同学奚落，被课后的小团体“俱乐部”排挤。二姐尤兰达颇有艺术细胞，同学喊她去家里一块儿学画画。结果那个女孩子的妈妈对尤兰达说“我们家不欢迎意大利人”，把她拒之门外。每当遇上这样的伤心事，爸爸总告诫我们：“别生气。把书读好，头脑里的知识谁也拿不走。”小小的我牢牢地记住了这番话。

好在，还是不乏明眼人能看出小孩的潜力。隔壁的艾玛·鲍登阿姨给了我急需的栖身之所。每每路过她家，她就会敲敲窗子喊我：“西米露做好咯。快进来，一起玩拼图。”有鲍登阿姨撑腰，平日里长期困扰我的不公渐渐地化作了一块块拼图。待到年岁渐长，我学会了用同样的方式看待科学：大自然给出了这样那样的碎片，科学家则要想办法将其拼合成一幅幅有意义的图景。而且，别人能解开的谜题，我也一定可以。只要足够坚持，看似乱七八糟、毫不相干的碎片也能找出玄机。彼时的我何曾想到，这股永不言弃的态度将一路伴我勇攀科学高峰，也助我最终成了一名科学家。

除了鲍登太太，我的贵人还有艾米·斯特里利女士。12 岁以前，我上的学校统共才四间教室，校长就是斯特里利女士。学校里的考试应接不暇。六年级时，我们做了一项测试，大概就是测智力的那种。不久后，斯特里利校长喊我去她的办公室，可把我吓坏了，去校长室的学生多半是犯了要遭开除的大事。我战战兢兢地合上门，校长却晃晃手指，示意不必关。“丽塔·罗西，”她说，“你责任大了。你考了第一，你必须给我去读大学。”我光顾着害怕，不管她说啥都满口答应。“是，是，我读。”我忙不迭地应着——只要让我离开校长室，怎样都好。斯特里利校长并没有就此罢休。放学后，爸爸也被喊了进去，如同补了一节“英语课”。校长对他传达了同样的意思。正是这番话，在接下来的年岁里给了我无限的支持。

一到夏天，镇上的孩子们就彻底放飞了。干完家务，带点午饭，我们就可以出门疯玩，直到天色暗下才冲回家吃晚饭。那会儿还没人像今天这样，用栅栏围起自家门口的海滩。我常带着我家的小狗奔奔，沿着贝弗利的小水湾久久地散步。我也爱去镇上高级的公共图书馆如饥似渴地看书。读四年级的时候，玛格丽特·默里老师在教室里放了一摞书，规定每读完四本就可以选一本自留。我酷爱文字，所以选的第一本书是《罗吉特同义词词典》。

夏日里的自在漫游让我交到了投缘的朋友。我喜欢幽默、机智、有创意、爱聊趣事的人，跟热衷穿衣打扮的人则不太投缘。不知不觉中，我认识了几个住在贝弗利铁道边上的好朋友。琼的妈妈是护士，她爸很古怪，除了每周日去教堂，其余时间他都醉醺醺的。我去过她家，看得出她全家连饭都吃不饱。我俩去附近的小溪抓青蛙，攒够钱就去看周六下午场的电影。我的另一个好朋友名叫简，邻居都说她是“非婚生子”。她的妈妈在喜万年灯具厂的流水线上辛勤做工。我俩会去图书馆看书、聊生活、聊古典乐，一聊就是好几个小时。她后来嫁给了纽约爱乐乐团的一位大提琴手。

15 岁那年，我的生活彻底改变了。1950 年 3 月 29 日晚上，我那慈爱的 51 岁的妈妈，在公交车站一边哼着意大利小曲，一边把我的成绩单捋平，向朋友们显摆，她忽觉一阵胸痛。我和爸爸慌忙带她去看家庭医生莱昂纳德·F. 博克斯。医生让她回家歇一歇。20 世纪

50年代，男人患心脏病的常规治疗是住院卧床，女人么，哪来的心脏病。

第二天早上，我照常去学校。午休回家时，妈妈已经洗完衣服、做好午饭，等我回来。我们聊了会儿天，她又一次忽觉疼痛难忍，只好躺倒。我打电话求助博克斯医生，他叫我给她吃点止痛药。我跳上自行车，冲到一英里外的药店买了阿片酊，再疾驰回家。在我离开的时候，妈妈拼命地给爸爸和哥哥们打电话。那会儿离手机问世还有几十年，她只能联系上放学后打零工的一个哥哥。哥哥匆匆赶回家，陪她走完了最后一程。我却没有赶上。

而今回想，博克斯医生可能觉得妈妈只是在通风欠佳的工厂里粘鞋子，得了肺气肿而已。[4]1950年那会儿，就算他想得到她得了心脏病，可能也束手无策。不管怎么说，我在下午三点左右给博克斯医生打了电话。我们等啊等，直到六点，他才姗姗来迟，除了宣告妈妈的死讯，别的什么也做不了。我们还得等教区牧师麦克·纳马拉神父。他到的时候，我独自枯坐着，悲痛欲绝。他说："起来吧，想开点。"爸爸很悲伤，终日沉默。我们一群小孩子无处可诉，无依无靠。最后陪着妈妈的那个哥哥心理受了重创，数日卧床不起。够了，我暗暗心想，从今往后，我再也不信天。我发誓要当科学家或当医生，让贫困无助的人拥有我妈妈不曾有过的照护。

返校后，我下定决心，要么忍、要么狠。当时许多朋友都给自己起别名，于是我丢掉了嫌弃已久的“丽塔”，自称“瑞奇”，有一股无忧无虑的风范。进女篮校队也多少缓解了我的戾气。我身高只有 1.65 米，但拼劲十足。三年后，我们这届的毕业年鉴称我为“最佳运动员”，还写着“难关不怕，咱有丽塔”。年鉴里对我最准确的描述是说我的目标是上大学，并且要留校做一名“研究型化学家”。[5]

我的两个哥哥分别服役于美国陆军和海岸警卫队，后来都成了工程师。玛丽从小被教育要照顾家庭。她想当护士，但妈妈不同意。她建议玛丽当秘书，免得整天站着干活儿。几年后，玛丽读了夜校，拿到了学士学位。二姐尤兰达比我大六岁，幽默风趣，自我蹒跚学步起就对我很上心。尤兰达想当艺术家。也好，毕竟爸妈都很崇敬拉斐尔和米开朗琪罗。结果妈妈的朋友们警告她，艺术家可是要研究裸体的。于是尤兰达只当了个美术老师。但她一直不放弃创作。事实证明她的确天赋异禀，她的版画和绘画作品甚至挂进了世界各大知名美术馆。我呢，则老老实实地守着对斯特里利校长的承诺。

妈妈去世后，爱管闲事的布里吉达姑姑每周都不请自来，替我们洗衣服，向我爸抱怨我念大学的打算。一天，我听见她发牢骚："姑娘家家的，要么待家里，要么念个秘书学校就行了。"她一走，我赶紧找到爸爸对他说："我真的很想读大学。"

"你当然得读大学，"他回答说，"放心吧，我向来没听过她的话，难道这会儿会听？"多年后，我的第一本著作出版后，爸爸郑重地把它摆在客厅的茶几上。

高三那年，我研究了大学申请流程，得知读理学得由科学老师出具推荐信。但这是"不行，女生不可以"的年代。哥哥们在高中可以打棒球和橄榄球，学汽修、金工，用漂流木做电灯，我只能学打字和烹饪。生物老师明确表示，让他教女生，他宁可去教体育，物理老师也讨厌女生上自己的课。据我所知，他只教过一个女学生——并不是我。化学老师拒绝替我写推荐信，后来我得知，他也拒绝了别的女生。"女生学不了化学。"他理直气壮地对我说。[6]虽然他的想法在那个年代不过是普遍情况，但我当时觉得自己被针对了。20 年后，美国约有 4000 名化学教师，女教师只有 40 人左右，仅占 1%。

贝弗利高中理科部的厌女情绪并不罕见。为太空望远镜的发展作出卓越贡献的"哈勃之母"天文学家南希·罗曼（Nancy Roman）曾请求高中的指导老师准许她把拉丁语五级选修课换成代数二级课。结果那位女老师睨视着她冷笑道：“哪有女士不学拉丁语，要学数学？”[7]难怪当时97%到99%的没上大学的高中尖子生都是女孩。[8]我当时还小，尚未意识到个中的歧视——或者说是耽误人才的行为，只想解决眼前的问题。最后我只能向一位女士求助，她是我的英语老师。拿着她的推荐信，我申请了新英格兰几所招收女性的学院。

其中，史密斯学院不提供一分钱奖学金；拉德克利夫的学费是1200美元，但奖学金只有800美元。要是去拉德克利夫，我得住在家里，找份兼职，每天坐火车通勤数小时往返于剑桥和老家。而且，虽说拉德克利夫是哈佛的“姐妹学院”，但学校的学生和哈佛的女生都不能进哈佛本科生专用的拉蒙特图书馆。[9]

那些年，家里的状况蒸蒸日上。父亲从临时工升到领班，之后办起了建筑公司，有着像知名参议员小亨利·卡伯特·洛奇这样富有而具有政治威望的客户（父亲私底下叫他“亨利·包心菜·小房子”）。于我而言，家中最关键的转变当属二姐尤兰达嫁给了一位物理学家。姐姐当时正在印第安纳州的普渡大学教艺术，姐夫是富布赖特学者*，在那儿做研究。普渡是全国最大的工

---

* 富布赖特项目始于1946年，是美国在全球范围内开展的大规模国际合作交流项目，旨在通过教育和文化交流来促进国家间的相互了解，参与这一项目的学者被称为富布赖特学者。——如无说明，均为译者注。

科院校，校长渴望招收拔尖的理科生。二姐得知高中老师不给我写推荐信，建议我申请普渡大学。结果普渡给了全额奖学金，还包住宿费、餐费、书本费——以及走出这座小镇的机会！我立马接受了录取。我那从哈佛毕业的历史老师大为震惊：我怎么能拒了拉德克利夫这座常春藤盟校，而去中西部地区读一所公立的工科学院？

但我从未后悔这个决定。

••

此前，我从没出过波士顿地区。因此当我在1952年秋天抵达印第安纳州西拉斐特的火车站时，发现自己置身庞大的工地，刹那间梦回爸爸打拼的地方。那会儿，联邦政府正致力于将普渡等几所公立大学打造成大型科研中心。[10]“二战”的胜利离不开欧洲的科学发现，包括原子物理学、雷达、电子学和计算机。鉴于此，国会和军方决心自食其力，不再仰赖外国技术。普渡大学拿到了4800万美元建设资金（约合现在的5亿美元），[11]加之《退伍军人法案》让许多退役人员得以重返校园，大学的学生数量翻了一番，达到了9000人。其中几届的男女生比例高达9∶1，甚至更夸张。

我选了化学专业，但很快发现系里的课主要跟农业相关。另外，大教室里挤了350名学生，去晚了只能坐后排，举望远镜才看得清教授和黑板。复习课的同学就少多了，大约只有15个。许多讲师都是德国出生的研究生，口音太重，我几乎听不懂。有几个老师甚至想找我约会。

我沮丧至极，打算就此放弃理学和医学的梦想，转攻英国文学。创意写作、诗歌、编剧课，有啥我学啥——这些选修课着实帮我夯实了写作基础，助我在后来撰写了800多篇科学论文以及修订学生的文章。我自愿加入了学生会，努力提振普渡大学不温不火的辩论队。从中，我学到打赢辩论的关键是收集事实，然后加以梳理。可惜这一心得并不适用具体实践。哲学课的教授只给我的论文打了B，却给几乎没来上过课的明星四分卫打了A。我去教授的办公室据理力争，却以我把笔记本摔在他的废纸篓里后愤然离开而告终。此举当然没能让他把我的成绩改高，但我懂得了，失控狂怒只会让对方更抗拒……但我起码争取过了。

最让人恼火的是我的想法得不到同等的重视。1953年，生物学家发现了DNA携带生物体的遗传密码。一天，我问真菌遗传学教授“为什么不用细菌、真菌等微生物的DNA来确定物种”——这正是如今生物学家常用的办法，但在当时听来却是无稽之谈。这或许也是教授很少点名提问我的原因。哪怕我举手发问，他也视若无睹。

我急需向理学领域的女性讨教。当时，“二战”造成的人力短缺已经好转，但理工科几乎见不到女教职工的身影。硕果仅存的三两女性也自身难保，谈何抗争。学科资金大大拓宽了男性的就业面，但对女性助理教授、副教授或正教授的扩充寥寥。正如历史学家玛格丽特·沃尔什·洛西特所言，20 世纪 60 年代是男性拿政府资助的黄金时代，却是科学界女性的至暗时刻。

在全国各地，供职于研究实验室的大多数女性只有硕士学位，充当着男教授的用人。“性掠夺”频频发生，尽管那会儿还没有这个词。某个知名教授跟他的太太以及一位漂亮的本科生三人同居，同时还在勾搭一个外国裔博士后。得知此事，我很想找院长投诉他。同学都劝我息事宁人。“这事儿谁不知道，”他们说，“但管事儿的都无动于衷。”女同胞们都在忍气吞声，更别提联合抗议了。一天深夜，在马萨诸塞州伍兹霍尔那所著名的海洋生物实验室里，某个男研究生抓住一个女同事，扯掉她的衬衫，把她推倒在地。她拼命地从他身下挣脱，终于逃走，却从未想过告诉导师或同学，也没有告发那人。直到数年后，劳拉·梅斯·胡普斯（Laura L. Mays Hoopes）在加州波莫纳学院成为生物学教授，才公开谈及那次被袭。她说，当时就算跟女同胞们说了，“大家也只会心照不宣地保持缄默”。[12]

我在普渡不免感到孤独。从各方面而言，我确实是孑然一人。这所学校里的几乎所有女生都主修家政学或营养学。生物学、植物学、遗传学和细菌学当时尚未统一归为“生命科学”。因此，我们理学生彼此分隔：动物学在这栋楼，植物学在另一栋，而他们都不认识在那栋楼地下室的细菌学人。我也看不到女性在科学领域就业的希望。我的物理学家姐夫和他的朋友们都想劝说我这事儿并非完全没戏，可惜他们也没什么依据。

● ●

彼时，四位女性科学家已经奠定了20世纪末科学的基础。她们分别成为疾病基因研究、原子核结构、DNA和后来名为“跳跃基因”领域的领军人物。但当时，其中两位连维持生计都难。

格蒂·特蕾萨·科里（Gerty Radnitz Cori）和丈夫卡尔分别出生于捷克与奥地利。移民美国之初，当局告知他们，双职工不符合当地惯例，有损卡尔的事业。科里夫妇不为所动。我上高中的时候，他俩因共同“发现了糖原的催化转化原理”被授予1947年诺贝尔生理学或医学奖。之后，卡尔当上了圣路易斯华盛顿大学药物系主任，格蒂则继续埋身实验室独自研究，还带出了六位诺贝尔奖得主，并开始研究遗传性疾病基因。然而，直到获得诺奖，她都只是个助理研究员，收入仅相当于丈夫薪水的五分之一。1957年，直到去世前几周，格蒂依然在实验室工作。她因骨髓障碍疾病去世，可能与早期实验使用的X射线有关。[13]

德裔科学家玛丽亚·格佩特·梅耶（Maria Goeppert Mayer）破解了原子核结构，帮助现代人认识、了解了原子核。梅耶风情万种，热爱聚会。众多男人为她倾倒，因为她的才华远胜于他们。她爱上了一位美国来的化学家——有人说是因为全城只有那人有敞篷车——随他一道移居美国，立志从事物理学研究。此后的30年里，她作为志愿者在美国的三所顶尖大学无偿工作，最终晋升为“志愿教授”。1963年，当她获得诺贝尔物理学奖时，当地报纸的头条写的是《拉由拉市一母亲喜获诺贝尔奖》。[14]［或许有人以为，如今再也不会有人这样描述女科学家了，不妨看看2013年的《纽约时报》是怎么写伊冯·布里尔（Yvonne Brill）的。多亏了这位火箭科学家发明的推进机制，通信卫星才能保持在正确轨道上。可那篇讣告开篇即写道：她烧的俄式酸奶牛肉堪称一绝。不下厨的人或许不晓得，这是再常见不过的快手菜。20世纪70年代，很多职业女

性都会买这种罐头菜。］[15]

另外两位女科学家芭芭拉·麦克林托克（Barbara McClintock）[16]、罗莎琳德·富兰克林（Rosalind Franklin）[17]均因未婚而“更容易”找到工作。不过，她俩都跟同一个男人闹过不愉快——詹姆斯·沃森（James Watson）。那会儿，富兰克林即将独立发现 DNA 的结构和遗传的细胞分子特征。沃森未经允许，或有意或无心地看了她壮观的 DNA 螺旋结构 X 射线照片，然后向实验室搭档弗朗西斯·克里克说了那张片子。后者做的是晶体结构分析，自然联想到自己的博士论文研究的马血红蛋白，随即意识到 DNA 的两条螺旋链是反向的——也就是说，DNA 是一个双螺旋结构。直到 1999 年，沃森才公开承认“富兰克林的 X 光片是他们发现的关键”。富兰克林 37 岁时因罹患卵巢癌去世。四年后，由于诺贝尔奖原则上不授予已故人士，沃森、克里克和另一位 DNA 专家莫里斯·威尔金斯（Maurice Wilkins）共享了该奖项。沃森随后出版的畅销书《双螺旋》（*The Double Helix*）把外貌出众、聪慧绝顶，穿着法式定制时装的富兰克林塑造成一个讨嫌又呆笨的老处女。想必沃森特别在意女人的外表和年龄。他 39 岁时娶了拉德克利夫学院的大二女生。他给亲友发的明信片上写着“我的人，19 岁”。2007 年，被问及女性的外貌有何要紧时，他答：“它就是很重要。”[18]

芭芭拉·麦克林托克的故事是这样的：密苏里大学告诉她，如果她的导师走了，她会被一并解雇。麦克林托克愤然离开，入驻长岛的冷泉港实验室。后来，沃森去了那儿当主任。朋友们告诉芭芭拉，沃森说她“只是个在冷泉港阴魂不散的老东西”。2007年，沃森因针对非裔美国人的智力发表歧视性言论，被实验室董事会免职。麦克林托克拿着卡内基研究所的拨款，所以她在经费上独立于沃森，得以继续从事自己革命性的研究。她发现染色体是一个流动、移动、变化、复杂的调节系统，基因能从一条染色体迁移到另一条染色体。当时并非人人都认可她的发现。普渡大学研究生院的番茄遗传学课程教授就对我们说过：“虽然咱们不得不讲‘跳跃基因’理论，但搞出这套理论的那个女的多半脑子有病。”1983年，麦克林托克在其耄耋之年凭借这一理论获得了诺贝尔奖——彼时，该理论早已是公认的事实。

这四位女性光彩夺目，但她们的经历不足以说服我女性可以凭借科学家的身份谋生。她们的存在近乎奇迹。当时我正在纠结该去医学院还是该去攻读理学博士。我热爱科学，但当医生可以赚钱养活自己，还能救死扶伤。就在这时，普渡大学布鲁氏菌实验室（我大四时在那儿做兼职）有位技术员告诉我，细菌学家爱丽丝·凯瑟琳·埃文斯（Alice Catherine Evans）不仅养活了自己，还救了好多人的命。

“一战”前不久，埃文斯发现人喝了未经巴氏灭菌的牛奶或接触过感染动物可能会患上痛苦的慢性病——布鲁氏菌病。它又称波状热、马耳他热，甚至可能致命。埃文斯在1917年发布了报告，引起了医生、兽医、乳制品行业代表和其他细菌学家排山倒海般的抗议。这个在政府公共卫生实验室上班的“一介女流”，连个博士学位也没有。她自言是个宾州来的威尔士移民农家女，“大学梦因经济困难而破灭”。然而在怀疑论者的眼中，最大的问题不在于她没受过正规教育，而在于性别。一个男研究员说，要真如埃文斯所说，男的老早就发现了。等男人们一遍遍地进行了证实，医学界和乳制品行业才接受她的研究成果。几十年来，她开创性的研究挽救了不计其数的生命，被公认为20世纪最重要的医学发现之一。（讽刺的是，埃文斯正是由于在1928年感染了这种细菌，不得不入院治疗，竟缺席了美国细菌学家学会首位女主席的就任典礼。）[19]

虽然当时我只是个名不见经传的学生，却对埃文斯感到无比亲切。她对细菌的痴迷、她的毅力和她在公共卫生领域的杰出成就让我由衷地以她为榜样。虽然那会儿我都不知道“亲切感”这个词。

●●

真想不到，我能在德尔塔-伽马姐妹会*拥有一席之地。我和那时的舍友玛丽莲·特里西·米勒·菲什曼至今仍是挚友。她后来成了出色的眼科医生，专治儿童先天性眼疾，奔赴世界各处带教外科医生。我大三那年，她（大四在读）正在为毕业后的日子做打算，犹豫该去医学院还是该去读理学博士。我发牢骚说，理学导论课都好枯燥，整天死记硬背，我快对它丧失兴趣了。细菌学的研究对象是肉眼不可见的微小生物体，它的导论课教授浮夸又无聊，课上的实验大概是 20 世纪 30 年代设计的，原封不动地沿用至今。加上教室那么挤，我的积极性大受打击。玛丽莲提议："怎么不上波韦尔森教授的细菌学课？她可厉害了。"

多萝西·梅·波韦尔森（Dorothy May Powelson）副教授是普渡大学理学部教职最高的女性之一——哪怕放眼全国也是如此。直到 1960 年，美国排名前 20 的顶尖研究型大学总共只有 29 位女性理学正教授，平均每所大学才一两名。波韦尔森在普渡教高级实验室课程。[20]

---

* 美国特色的一类学生社团，以希腊字母命名，分为兄弟会、姐妹会等，注重社交、学术或社会活动。通常拥有独立的楼舍作为活动场地与成员宿舍。

直到今天，多萝西·波韦尔森教授的音容宛在。她个子很高，明眸皓齿，常面带笑容，举止温文尔雅，在实验室里从容地从这项任务转到那一项。她当时年约40岁，是坚定的女权主义者，是佐治亚大学学士、“Phi Beta Kappa”全美大学优等生荣誉协会*成员，还拿到了久负盛名的威斯康星大学细菌学博士学位。我们这个班规模小且随意，学生六到十人，女生占半，在当时实属新鲜。波韦尔森给每个学生都配了一台状况极佳的1000倍光学显微镜。从生活在人体肠道中的大肠杆菌等常见菌到能长出杆与芽、能在匪夷所思的极高或极低温环境下生长的稀奇古怪的细菌，她几乎带我们识遍了当时已知的全部菌种。[21]

“透过显微镜，你能看到什么？”她问。镜片之下，优雅的微观世界连同它错综复杂的结构体铺展在我眼前，仿若奇迹。显微镜下，那些蠕动的小东西令我如痴如醉。它们是什么？它们在做什么？太多的谜题亟待解开。我着了迷，当即决定转细菌学，最后在1956年以优异的成绩拿到了学士学位。

想来，波韦尔森并没给过我任何个人建议，我俩也

---

* 美国历史最悠久、最负盛名的学术荣誉协会，旨在培养出最优秀的文科和理科学生，倡导“对知识的热爱是生活的向导”。

没有单独聊过天。我只是在相处中慢慢了解到她会拉手风琴，钟情“所有运动”，还有素描、园艺。上学那会儿，教授们大都站在高高的讲台上，要建立威信，与学生保持距离。我们不会找他们闲聊，也不会找他们要建议。但对我来说，知道她的存在就足够了。就我所知，仅在鼓舞女性进军微生物学一事上，无人能出其右。我就这样一路走来，直到那个美丽的春日，亨利·科夫勒教授对我说，你没戏。

我并不喜欢科夫勒，甚至瞧不上他。[22]我们的研究生朋友（无论男女），都说他经常改换大家的论文选题，导致他们得耗费将近十年才能读出博士学位。还有更糟的，他们说是科夫勒伙同他人把多萝西·波韦尔森从普渡排挤走的。科夫勒与波韦尔森教授的学术成就不相上下，而且后者教的高级课更多。可科夫勒升了正教授，波韦尔森却没有，传言说是因为她申到的经费不够多。之后，波韦尔森去了加州的斯坦福研究院。2008年，在她逝世20年后，斯坦福大学有两位男士发过一篇论文，开头提及她所做的工作启发了他们的研究——仅此一句。[23]

尽管如此，我仍坚信科夫勒教授明白我多么需要经济援助用来读研。他和我父母一样都是移民，十几岁时独自从奥地利来到美国，还把原名海因里希改成了亨利。他知道我的成绩几乎全A。我本以为他会理解。

只可惜，事与愿违。而正当我和杰克打算告辞的时候，科夫勒又给了我当头一棒："你顶多可以指望去医院的产房里拿个学位。"他的语气冷冰冰的，宣告谈话到此为止。

杰克在我边上愣住了。他知道我想做科研，决心帮我实现目标。我怒火中烧，但表现得云淡风轻——我才不要让科夫勒觉得他能击垮我——我暗暗发誓：我一定要读出学位。我的肾上腺素飙升，思绪极速翻涌，拼命地想办法。当时已经有三所医学院发来录取信，但得办好延期入学，才能在杰克读研期间留在普渡继续读硕。我只怕科夫勒给我使绊子。

于是，我转而求助信得过的男教授，也就是我后来的研究生导师，遗传学教授艾伦·柏狄克（Alan Burdick）。我对他转述了科夫勒的那番话。

柏狄克教授是一位出色而又颇有见解的科学家，在普渡却不太吃香。至今我还记得，他当时笑了笑，说了八个字："他之所失，我之所得。"他说他正想找人打理收集的果蝇，所以可以聘我在他实验室里做助理研究员。于是，在接下来的一年里，我每周都给柏狄克的果蝇"做饭"，把柠檬、酵母和玉米粉拌在一块儿，和成香甜的"大餐"。杰克来实验室找我时还会被果蝇身上的螨虫叮咬，皮肤瘙痒好几个小时，我则早已习惯。遗传学非我至爱——细菌学才是——孰料我给艾伦·柏狄克写的遗传学论文将为我打下坚实的基础，迎接21世纪的到来……抱歉，扯远了。

说回科夫勒。之后他先后出任了马萨诸塞大学阿默斯特分校和亚利桑那大学的校长。数年后，当被问及对我说的那些话时，他否认自己对女性抱有任何偏见，但没有否认曾经的言论。他说："我不否认那些，因为我想丽塔是个实事求是的人。"[24]

硕士论文完成后，我和杰克愉快地转到了位于西雅图的华盛顿大学。这是为数不多的愿意同时招收我俩的学校。不过，我的西北太平洋地区居住证得拿满一年才能被华盛顿大学医学院正式录取，于是我决定转攻生物学博士学位。

对于成为科学界的女性，我要学的还有很多，但我已知晓一条重要规则：这个领域还是有好人的，我得去找。

第二章

独行：拼拼凑凑的求学路

华盛顿大学给每位新入学的研究生分配了一名教员，其角色类似于指导顾问。分给我的是一位微生物学家，他拥有酿酒学博士学位——并非我心仪的研究方向。

不过我还是在 1958 年 9 月兴冲冲地去了他办公室，期待他能帮我找一个合适的博士导师，指导我的研究论文和职业规划。自我介绍时，我兴致勃勃地提到普渡的教授建议我找遗传学家赫歇尔·罗曼（Herschel Roman）做博导。顾问老师瞬间拉下脸来，变得冷淡无比。还没开始读博，我就成了“孤儿”。

出了办公室，我问学长们自己错在哪儿。“你错大发了！”他们说。原来，这两位教授长期不合，我竟掺和在当中，害得自己左右为难。他俩后来重归于好，但两人当年相当不对付。

好在艾伦·柏狄克已经替我给赫歇尔·罗曼打过招呼，罗曼同意我在他的实验室工作。我苦撑了两个学期。其间，他只给男生指导科研和论文，却对女技术员们（以及我）吆五喝六。我们根本没机会请教他或参与研究。加上官僚的制度原因，我很难一边读微生物博士，一边在罗曼这儿做论文。于是我决定离开他的实验室。可没有了博导，我的职业生涯还未启航就折了戟。原本我以为天赋、勤奋和出色的研究足以让我在科学界取得成功，至此却发现事实并非如此。

••

这里要解释一下，研究生院理学教授拥有无上的权力。他们可以决定是否招收学生进实验室，是否提供研究资助、拨发补助，并且有权通过（或拒收）学生论文——一切以教授个人的标准与意愿为准。联邦拨款制度施行后，教授只招收有望为自己争光的学生。而社会普遍认为女的迟早会结婚，有了孩子就会辞职，因此不值得费功夫、费资金栽培她们做学术。所以，美国高校向来公然、理所当然且合法地实行着“性别双轨制”——男生拿着最高的博士学位、优越的工作和几乎全部的科研经费；女生只能拿到硕士学位，毕竟这也够她们去男性的科研和医学实验室做技术员了。运气好的话，女人也有机会去大学教教初级的导论课，不过教授是当不上的。

这套制度随意、约定俗成而且僵化。[1]在我读博前的几年，华盛顿大学想招一位遗传学家，于是向一众植物遗传学家打听有无合适的“男青年”。有位遗传学家告诉系主任：“芭芭拉·麦克林托克无疑是全世界这个领域的头号人物。”当时，遗传学领域的巨擘芭芭拉·麦克林托克（上一章提过，她后来得了诺贝尔奖）刚刚愤然请辞，因为密苏里大学告知她，一旦她结婚就会被解雇。“可惜她是女的，你们招不了。”密苏里大学没有向华盛顿大学推荐麦克林托克，而是推荐了后来把我折腾得够呛的赫歇尔·罗曼。华盛顿大学未经考察就聘用了他。

对女性的歧视当然不是什么新鲜事，但在20世纪五六十年代，美国女性大学毕业生的数量在联邦政府的推动下翻了一番，这也使得歧视的规模前所未有。[2]全球历史上最大的社会变革之一——去职业性别化——正在如火如荼地进行。不过当时本领域的女性依旧太少，因此很难觉察到歧视的大规模存在——即便发现了也难以抗衡。

这次，又是前辈们点醒的我。当时有四五位女性在华盛顿大学微生物学系任教、做实验室助理的同时获得了硕士学位，但都被排除在博士项目之外（她们每位都很出色，之后纷纷在其他地方顺利地拿到了博士学位、医学学位，或在别的领域取得了卓著成就）。根据玛格丽特·霍尔（Margaret A. Hall）整理的华盛顿大学女性史，[3] 有位学生甚至扬言要起诉赫歇尔·罗曼，指控他不公正地把她挤出博士项目。我压根儿没想过采取法律手段，但我开始意识到在微生物学或遗传学领域没人愿意招女生，何况是从老东家实验室跑路的人。而且我还没在西北地区住够一年，虽然我可以以助教身份在这所学校给医学生上遗传学和细菌学课，但我无法在医学院注册。

要是早点儿读到霍尔的论文（完成于 1984 年），我会更了解西雅图当时的状况。从理论上讲，女性去华盛顿搞科研相对有利。毕竟包括普林斯顿大学、佐治亚理工学院在内的 20% 的美国大学只向男性授予博士学位。但霍尔的研究调查记录了在 20 世纪上半叶，华盛顿大学管理层有意通过“男性化”手段来“提升”教师队伍质量——我来这边时，男性教职工占比已达到85%。女性科学家被圈在家政学、护理学和女子体育等“女性”领域，而其他部门的女性大多难以冲破低薪讲师的岗位待遇。霍尔跟她的丈夫、我校著名的遗传学家本杰明·霍尔（Benjamin D. Hall）认为她屡吃闭门羹正是由于精心记录了这段历史。没有任何高校愿意聘用她。她的丈夫还说她在妇女运动达到高潮时写的论文也让他跟部分同事的关系变得紧张。

令我讶异的是，竟有四位女科学家在华盛顿大学打出了一片江山。其中两位是靠外部支持实现的，这要归功于全新的但可惜短命的技术：教育电视。人类学系主任欧娜·甘瑟（Erna Gunther）[4]在世界范围内推广了太平洋西北部的印第安艺术，定期主持一档名为《闲话博物馆》（Museum Chats）的广播节目和系列电视节目，还创建了华盛顿州立人类学博物馆。她的粉丝忠诚度颇高，以至于学校想罢免她的博物馆馆长职务时轰动了全州。海洋学家迪克西·李·雷（Dixy Lee Ray）[5]主持着另一档公共电视节目《海滨动物》（Animals of the Seashore）。她力保附近的一处河流三角洲，推动将其划为野生动物保护区。雷获得了著名的古根海姆研究奖金，并从国家科学基金会筹得数百万美元经费用于海洋科学研究。然而，华盛顿大学动物学系两次投票否决授予她终身教职的提议，理由是她的论文发表数不足。1976 年，雷当选为华盛顿州州长，对这所大学提请的预算要求不屑一顾。

另外两位能做我导师的女科学家在学校里的地位低下，以至于很难将她们与学术权威联系在一起。多拉·普里奥·亨利（Dora Priaulx Henry）[6]是世界级藤壶专家，海伦·里亚博夫·怀特利（Helen Riaboff Whiteley）[7]则是学校的明星微生物学家。然而，她俩都只是“助理”，因为两人的丈夫都是我校的教授。本州的《反裙带关系法》[8]和高校规定禁止雇用员工的亲属。现代的反裙带关系规则简单说来就是亲属不能监管亲属。然而，在 20 世纪的大部分时期，美国高校执行反裙带关系时几乎只针对教职工的妻子，却对兄弟、儿子和侄子们网开一面。这套体制对女科学家相当不友好，因为出于共同的兴趣和项目，我们大多会跟其他科学家结婚——这在今天也不例外。而华盛顿州《反裙带关系法》尤其严格，除了担任文员、秘书或实验室助手，科学家的妻子不可在任何高校岗位从事有偿工作。若干女教职人员与同事结婚后就被解雇了。

海伦·怀特利的职位低得尤其荒谬，学校整个管理层每年都要确认一遍她的地位。首先由微生物学系主任签批她的《助理研究员续签合同》，然后发给医学院院长，院长批文后转给大学校长，校长再批，最后发给董事会。更糟的是，怀特利和丈夫还为此感到自豪。所幸，就在我从华盛顿大学拿到博士学位后不久，1965年，怀特利的处境有了变化。美国国立卫生研究院授予她研究职业发展奖，奖金是她往后工资总额的一半，但前提是她得评上终身教授。学校急于拿到这笔钱，立马将自己的规定抛之脑后，忙不迭地把怀特利从助理研究员提到助理教授、副教授，直至升为正教授。之后，怀特利克隆了一种能让棉花和烟草作物具有天然抗虫性的基因，这项成就足以让她入选国家科学院院士，结果又是事与愿违。传言科学院有位成员投了反对票。

那我在西雅图的时候是不是可以找海伦·怀特利做导师？答案是“不行”。就连她和气的丈夫亚瑟也认为她很“严厉”，他说他的妻子并不赞成女权运动，因为她本人从未得到过帮助。因此，怀特利认为真正擅长科研的女性都用不着帮助。直到去世前几年，怀特利才招了两个女生。

其实，海伦和亚瑟两人都很严肃。多年来，膝下无子的怀特利夫妇每周五晚都会喊三位“单身青年”来家里吃晚餐，分别是迪克西·李·雷和两位男老师。有人称之为“小团体”。然而自从雷宣称支持核能后，亚瑟对她下了逐客令。我没法向海伦·怀特利这种人求助。

• •

很难说结婚对女性的事业有利还是有弊。弗里达·陶布（Frieda B. Taub）[9]跟我同年进的华盛顿，不过她来的时候已经有一个博士学位。来西雅图前，她的丈夫一直对她的学业和事业十分有益。许多学者担心自己的实验室里有女性会引起风波。女秘书和女技术员还好，女科学家则是万万不可。陶布在新泽西州罗格斯大学读博时，导师告诉她，之所以选她做学生，只是因为她已婚，否则他的太太会有想法。又有一次，陶布要参加为期一周的实地考察课程，教授向陶布的丈夫保证，只要他陪同前往，自己就给她这门课的成绩打 A。还有一位教授因为太太反对他跟陶布结伴出差，而拒绝与她共同出任某个委员会的联席主席。

然而来西雅图后，她的婚姻显然成了一种负担。虽然她的丈夫不是本校教职工（他是波音公司的系统分析师），几位系主任皆因她已婚而拒绝聘用。甚至在华盛顿大学聘用她之后，对职业女性的偏见也没有改善。陶布是西雅图第一个获准领养孩子的职业女性。以往，女性想领养孩子，必须承诺在孩子年满 18 岁以前不参加工作。那些歧视“如此明目张胆”，陶布说：“当时，不管哪个女人都知道自己身处一个男人的世界，处境注定会很艰难，所以谈这些毫无必要。你早知道自己要面对的是什么。”

结果就是我们只能单枪匹马搞科研。女性没法结成小的团体，共同分享遇到的问题与成功经验，鼓励冒险并建立信心。我们知道自己需要支持——但只能指望男人的帮助。我后来的博导约翰·利斯顿（John Liston）人很好。他见没人雇用陶布和乔伊斯·勒温（Joyce C. Lewin）两位女科学家，便帮她们在海洋学和渔业学系找到了工作，解决了两人的燃眉之急。勒温专攻硅藻，陶布研究水生群落生态学，日后升为正教授。50多年后，2019年，她在华盛顿大学演讲时，介绍她出场的男教授先是扯到她的结婚日期，紧接着夸赞了她的丈夫和孩子。好在事情还是有起色的：有老师指出陶布演讲开头的那段介绍不合适，水生与渔业科学学院便删掉了录像里的那段话。

••

刚来华盛顿大学的头几年，我陆续听闻了普渡大学的一些事情，这使我心绪难平。这些事件表明科学领域的平等之路道阻且长，我一直密切关注着它们，既因为它们发生在我的母校，也因为假如我当初留在了普渡，或许类似的事情也会发生在我身上。

第一桩事情是大屠杀的幸存者安娜·怀特豪斯·贝尔科维茨（Anna Whitehouse Berkovitz）[10] 与亨利·科夫勒的龃龉。彼时，后者已是生物科学系主任，掌管着所有生命科学学科。距他回绝我的奖学金申请已过去三年。

安娜·贝尔科维茨 13 岁那年，纳粹分子逮捕了他们一家，把他们送进了奥斯维辛。随后她又从奥斯维辛被送往比克瑙，然后被转移到德国马格德堡附近的奴隶劳工营。她在那里的地下弹药厂干活，直到被瑞典红十字会解救。战争结束后，他们全家只有安娜、安娜的姐妹和母亲幸存下来。从此以后，安娜立誓奋斗终身，决不虚度这一生。1962 年，安娜的丈夫在普渡大学找到了梦寐以求的工作，两个儿子也开始上学，于是她开始朝博士学位努力。后来，她的丈夫在英格兰休假一年，她便报名参加了伦敦大学学院高尔登实验室的高级人类遗传学项目，每周朝九晚五地学习五天。

回到普渡后，她继续攻读博士学位，孰料那个全球顶尖的遗传学课程改变了科夫勒对她的估值。科夫勒把她叫到办公室，说:“你不能读博了。你把在英国学的遗传学教一教。”她本打算自己做这方面的研究，系里却想让她教别人。安娜问:“我不能边教课，边读博吗？”这又不难。战后，她以难民互惠生的身份在两年内熟练掌握了英语，读完了高中和本科，还是“Phi Beta Kappa”全美大学优等生荣誉协会成员。她问科夫勒：“那么多研究生都边读博边教书，为什么我不行？”

科夫勒说不行就是不行。继续读博等于斩断就业的可能性。由于她是教职工配偶，永远没法在大学找到工作——而拿不到科夫勒的推荐信，她也不可能在别处找到工作。她只有两个选择：读博，但永远找不到工作；不读博，然后永远困在学术界最底层当个教书匠。加之安娜的丈夫也是犹太人，1965 年那会儿，他也很难在外面谋得好出路。身边人都劝她：“反正你先生已经在别的部门评上正教授了，你们又不愁钱。”

这种选择压根儿不算选择。最终，她放弃读博。此后 35 年里，安娜·贝尔科维茨开设了遗传学实验课，常常同时教着 10 到 15 个班，同时期的学生多达 450 到 500 人。她设计了一门门的新课程，承担着系里最繁重的教学任务，获颁了 16 次最佳教师奖——却从未升过职。她倒是拿到了“终身教职”——做一辈子卑微的讲师。

2003 年，73 岁的安娜退休了，系里的同事们给她办了一场欢送会，还颁给她一本“荣休讲师”证书。宴会上，她直言毕生兢兢业业却从未得到晋升是多么让她沮丧。后来，系里给她补发了一本证书，给的名头是

“荣休教授”。直至退休，她的工资都远远不及系里新招的助理教授（无论男女）。据她所说，退休后，学校招了四个人分担她的工作。

普渡大学的第二桩糟心事与维奥莱特·布什威克·哈斯（Violet Bushwick Haas）[11] 有关。1962 年，哈斯的丈夫受聘来此校建设一流的数学系，全权负责聘请 21 位数学家，招谁都行——除了与他才华比肩的妻子。后者手握麻省理工的数学博士学位。好在普渡大学的反裙带关系规定相当宽松，她虽不能去丈夫担任院长的理学院，但是可以去电气工程系工作。这个方案还可以吧？然而，实际上她发现全男性的工程系对她抱有深深的敌意。她只分到一个小小的壁橱作为办公室。每次系里共同起草资金申请，她都被排除在外。直到哈斯扬言辞职，系里才升她为教授。

哈斯始终在普渡为女性而战。她组建了理工女性小组，每月开会讨论大家遇到的问题，探讨解决方案。安娜·贝尔科维茨一直按时出席，哈斯也是她遇到难题时首选的求助对象。1983 年，哈斯在麻省理工学院参加为期一年的国家科学基金会女教授访问项目，竟发现那里的男生每年的迎新“传统”是在新生报到周放一部色情片。她大为震惊，强烈抗议，总算终结了这一“传统”。

印第安纳州的西拉斐特小镇在 20 世纪 60 年代小得

可怜，镇上只有一家公司。在联邦公路网和廉价通勤航班问世以前，安娜·贝尔科维茨和维奥莱特·哈斯等人只能困在普渡大学，任由学校摆布。除非想给婚姻和家庭生活添乱，否则都别想自由地去外地工作。

可是，假如我们女人想和男人一样，同时拥有婚姻、孩子和同个学科的教职，会面临什么境况呢？普渡大学第三个故事的主人公是我的密友和老同学阿尔弗雷德·“艾尔”·奇斯康（J. Alfred “Al” Chiscon）和他的太太玛莎·奇斯康（Martha O. Chiscon）。[12] 他俩同为生物学家，并且都是知名的杰出教师，因教学手段创新而闻名全国。但他们夫妻俩无法去普渡以外的任何学校工作。得克萨斯大学给艾尔打过电话，说：“我们有个职位，想请你们来。”艾尔问道：“请哪位？”得克萨斯大学的回答是：“都行，不过我们只能发一个人的工资。”

当初他俩结婚也得先征得普渡大学的同意。1969年，他们去见亨利·科夫勒，问他：“如果我俩结婚，是不是必须走一个？”玛莎当时开设了美国最早的科学女性课程，而她的学生们正在亲身经历种种悲惨的事情。为了继续搞科研，有的姑娘不得不放弃心仪的结婚对象；有的只能与伴侣同居，无法结婚生子；还有的始终保持单身。好在时代变了。妇女运动蔓延到了科学界，越来越多人主张平等的就业权。科夫勒在政治上倒是够精明，知道非让步不可了。于是，奇斯康夫妇喜结连理，生了三个孩子，还双双评上了生物学教授。夫妇二人在普渡大学教过的学生总共超过 65000 人，玛莎还担任了理学院副院长——但年收入比同级别的男同事少 35000 美元。她卸任后，学校招了三个人接手她的工作，每个人的薪资都比她高。

• •

至于我自己，在华盛顿大学，我看不到任何希望，只能重蹈在普渡的覆辙：放弃理学，拿个英国文学学位。受安德鲁·马维尔（Andrew Marvell）《花园》一诗的启发，我打算研究 16 世纪和 17 世纪的英国诗歌和玄学派诗人。这是他写给生态的赞美诗：

海洋般丰富的心灵，
与丰饶物种尽对应。
心灵更可超越实体，
创生新的斑斓天地。
这创造令现实消隐，
化作绿思融入绿荫。*

* 化译自曹明伦版译本。

我曾想探寻这首诗背后的现代科学，了解自然界和人类这两座花园之中丰饶的感官、思想与灵魂，探索如何超越那片狭窄的绿荫。但我这个学术“孤儿”大概再也没有机会了。

我感到空前的沮丧，与杰克的关系也受到了影响。不过我又很快听说有个苏格兰来的青年教授刚刚加入华盛顿大学的渔业系，想找个技术员帮他建实验室。我得赚钱，于是接了这个活儿。我选设备、订器材，还帮他招了一位技术员。我从小对父亲的工程项目规划耳濡目染，这些都不在话下。不出数月，这位苏格兰来的约翰·利斯顿（John Liston）教授就顺利开工了。[13]

想不到，利斯顿倒很欣赏主动性强的人。我客气地（在他眼里是很委婉地）指正他时，他甚至会暗暗发笑。终于有一天，他让我不要做助理了，来做他的博士生。

利斯顿说，海洋细菌学方才起步，大有可为，几乎没有竞争。当时，他本人大概是全世界仅有的六位海洋细菌学家之一。我校渔业系希望他通过研究鱼类疾病和腐败的因素，促进本州鲑鱼产业的发展。利斯顿在苏格兰接受过严格规范的生物化学教育。通过谈判，他获批海洋微生物学博士生项目，我将是该项目的第一个学生。不过他也提醒我，他的太太跟苏格兰渔民们打过交道，得知跟海洋学、渔业沾边的都是“猎人”和狠人。

华盛顿大学有美国为数不多的允许女性参与随船研究的海洋学系。利斯顿承诺有机会一定带我上研究船，哪怕只能待一天。（传言这个规定是早年系里某位领导为了带情人上船特意改的。）

我那会儿还很天真，并不晓得拥有导师意味着什么，甚至不知道导师是干什么的。我只知道一些有导师的女科学家们依然孤独无依，有的常常被奚落。我希望我的导师尊重我，能让我研究细菌遗传学。对于我这样在大西洋沿岸长大的人来说，海洋细菌听起来就很迷人。我要研究自然环境中的微生物，搞清它们的生命周期以及不同物种如何在自然的网络中相互关联。我马上答应做利斯顿的第一个博士生，并第五次（差不多也是最后一次）换了研究方向。我曾学过化学、英国文学、细菌学、医学和遗传学，接下来要转而研究海洋学以及跟海洋动物有关的细菌，包括鱼类、贝类和无脊椎动物。头几个月，渔业专业的同学们（全是男的）都笑我得站上箱子才够得着水槽去解剖鱼，研究其肠道里的微生物。我铆足干劲，全力以赴。最后他们纷纷对我刮目相看，改叫我“小机灵”。

我的导师利斯顿好极了：满腔热忱，但又不拘一格、桀骜不驯。这个苏格兰人只比大多数同学大十岁。于是就像他说的，“大家相处自然点儿，不必拘礼”。聚会上，他能干掉整整一瓶苏格兰威士忌并起身高歌《老阿伯丁的北极光》。他酷爱打板球，也是一位优秀的科学家。他的信条是：规则就是用来打破的。

在我博士二年级的一个星期天，利斯顿大清早打来电话说："我病了。这周我本来要去费城，在美国微生物学会年会上作报告。可我病得厉害，今晚飞不动，只能换你去了。反正你也是这篇论文的共同作者。路上可以读一读我准备的笔记。"于是我照做了，事后才回过神：他可能并没有得病，只是耍了个小手段，让我拥有了"在学术会议上作报告"的履历。

约翰·利斯顿不仅不歧视女性，还是女性科研人员的有力支持者，并且会激动地聊起某某女科学家是多么的优秀。比如艾美·克林伯格·诺贝尔（Emmy Klieneberger-Nobel）[14]。她被（男性）同行称作"怪胎"，会拎着一只塞满幻灯片的公文包出席伦敦皇家学会会议，一上台就开始展示一叠叠的幻灯片，介绍自己在支原体方面的开创性工作。她自称有"（欧洲）大陆口音"，开口便是浓重的德国味儿。或许有人觉得克林伯格·诺贝尔是"疯子"，可她才不疯。她是被纳粹主义迫害的犹太难民，她在自己的回忆录中写道："如果我的家人没有在纳粹统治下那样悲惨地死去，我可能会在英国幸福地度过余生。当然，凡事没有如果。那些事不能、也不该被遗忘。即便不去回想，它们也牢牢地扎根在我的记忆深处。”克林伯格·诺贝尔不光是纳粹主义的受害者，也是性别歧视的受害者。聊起这些，利斯顿都会强调这是女科学家的悲惨处境——她们努力让自己的见解得到业界认可，却往往遭受恶意。

••

我刚开始读博那会儿，微生物学界的一个主要目标是鉴定菌类以理解所谓的物种。传统的分类学家，尤其是受过那套复杂的拉丁语和希腊语科学命名法训练的，会就物种的名称进行争论，并根据它们在显微镜下的外观对生物进行分类。这项工作相当艰巨，因为早期微生物学研究用的光学显微镜没那么精密，许多细菌看起来很相似。我的论文要采用大量生化和生理测试，分析细菌发酵糖、分解蛋白质以及它们在极端温度下生长和代谢的能力。我将这些测试应用于许多细菌种类和菌株，最终积累了大量从未有人发表过的微生物的数据。在得知一位英国科学家正在使用计算机，根据生物之间共同的形态和生化特征寻找相似性，再根据这些结果对植物和动物进行分类后，我也决定试试华盛顿大学的第一台“高速计算机”，那是一台 IBM650。那台神奇的计算机安装在化学楼楼顶的露台上，体积相当于三台大冰箱，存储容量仅相当于今天的微波炉微处理器。[15] 研究生只能在午夜到凌晨六点之间使用这台 IBM650。当时大学里还没有计算机编程课，不过我丈夫的加拿大博士后同事乔治·康斯特巴里斯在化学行业工作时用过计算机，友善地教了我编程。我用机器语言编写了第一个程序，用于识别从环境中分离出的细菌。我必须给每个菌株打孔制作一张单独的 IBM 卡，并且在没有技术人员协助的情况下，单枪匹马地把计算机的板线接上，让程序跑起来。

1961 年，著名的《自然》杂志发表了我关于这项工作的文章。[16] 我并非计算机天才，但我已经预见计算机不仅可作为高级运算的工具，更将彻底改变科学。当初，审核我论文的委员会成员，也就是华盛顿大学的教授们，对计算机知之甚少，所以我还在论文里附上了软件代码，并在第 41 页贴了两张 IBM 打孔卡。学校里没有人想过要把这个软件申请专利，我们的工作是为了全社会的福祉。我所从事的科学研究也确实令人兴奋。

理论上来说，专攻海洋细菌鉴定这样深奥的课题有一个好处：避免跟这个领域的大咖们竞争。我的论文打算重点研究一种特定的细菌，绿脓杆菌（*Pseudomonas aeruginosa*）。这种细菌常见于水和土壤，学界普遍认为它对抗生素具有危险的抗药性。当时，领先的细菌学家、假单胞菌领域的专家罗杰·斯坦尼尔（Roger Stanier）邀请我去伯克利就该主题发表演讲。去之前，我热切地期盼着能与其他对海洋细菌抱有热情的人交流。然而，我没讲几分钟就被斯坦尼尔打断了。我以为他有什么想法非说不可，于是礼貌地等他说完。谁知他竟直接批评起我的研究结果。我只好继续讲下去，但困惑和愤怒难以止息。此后，我苦思冥想了好多年都没想通为什么有人要公然攻击青年科学家、嘲笑她的研究。但我现在知道是什么激怒了他：我不是他的学生，不在他的实验室，我侵犯了他的细菌领域，显然他才是那儿的专家。假如我是男学生，会遭到这样的对待吗？可能不会。他更有可能给人家提出建设性的意见并给予实在的帮助。

想到有朝一日，我很可能会在学术会议上再次见到斯坦尼尔——再次在全国会议上被批一顿，那我的职业生涯将岌岌可危。为了躲他，我得再换个研究方向。这是我第六次换方向了。然而回想起来，斯坦尼尔其实帮了我大忙。多亏了他，我转向了弧菌研究。这是水生环境中最常见的细菌，特别是在沿海和海洋表层水域。后来的情况证明，一些弧菌对人类具有危险的病原性，而且本身非常有趣。

改换研究领域照理说对科学家的事业不利，但它实际教会了我如何将一个领域中有意思的思路应用到另一个领域——例如利用酵母遗传学和果蝇技术研究海洋世界中微生物的遗传学和生态学。此般拼拼凑凑的求学经历教会了我如何看待大型自然系统的运作方式。就这样，我成了一名分子微生物生态学家，也成为整体科学和跨学科研究的倡导者，这在当时几乎是闻所未闻的。一个从绝望中诞生的项目成了我所作的最明智的决定。一晃 50 年过去了，这个决定使我始终活跃在生命科学研究最热的领域之一：微生物学，研究特定环境中所有微生物的所有遗传物质，研究环境包括人类肠道、食物、河水、海洋，等等。

最终，我这篇关于海洋动物体内细菌的论文通过了审核，不过是水产与渔业科学学院给过的，并非微生物学系或海洋学系。利斯顿说："他们可真是吹毛求疵。"不管渔业系、海洋学系和医学系的领导怎么扯皮，我上的一直是他的海洋微生物学博士生课。

••

我和杰克双双拿到博士学位后，杰克听说加拿大渥太华的国家研究委员会是化学物理学博士后的绝佳研究单位。于是，我俩都递交了博士后研究申请，并且都收到了贺信，不由得喜出望外。但过了一阵子，我收到了第二封信。信是委员会主席诺曼·吉本斯写的，并不是什么好消息。信里写道，根据反裙带关系规定，委员会不能给我和杰克两人同时授予博士后研究奖学金。我立马懂了，国家研究委员会肯定认为我的丈夫该拿这笔钱，用不着明说。毕竟，杰克并没有收到这样的信。

心烦和失望卷土重来。不过这回我已不再像以前那样遇到挫折就打退堂鼓。我再也不想放弃科研。对于包括我在内的一些人而言，科学是最令人兴奋到超乎想象的事业了。女性不断地敲开——不妨说砸开——科学的大门，只因我们喜欢在实验室和野外工作。我们热爱这个发现新事物、学习新原理，并理解自然的运作机制的过程。普林斯顿大学首位女校长，也是第一位生物学家校长雪莉·蒂尔曼（Shirley M. Tilghman）形象地描述了这种感觉。"第一次揭开重大发现时，那种激动难以言喻，"她写道，"我的心猛烈地跳动，浑身汗毛直竖……自那以后，再没有任何东西能阻止我成为科学家。"[17]我完全感同身受。但是没有实验室接收我，我便无法继续从事科研工作。

渥太华那边很快又来了第三封信。这回，吉本斯送来了好消息。他和国家研究委员会的同事们在研究生长代谢需盐的细菌，而我研究的细菌恰好主要生活在咸水中。慷慨又心善的吉本斯说他很乐意给我提供免费的实验室空间，并让我随意使用他库房中的所有设备和试剂。

我把吉本斯的信拿给约翰·利斯顿看后，他便开始着手处理此事。（我也是后知后觉地想起他俩是朋友，利斯顿肯定帮我找吉本斯活动过。）利斯顿熟稔地运用官僚手段，给我和他申请了国家科学基金会的研究拨款，然后更是破天荒地任命年仅 26 岁的我为联合研究员。紧接着，他说服华盛顿大学的院长任命我为助理研究教授，并允许我休假前往渥太华做研究。这是一个精彩的例证：在 20 世纪 60 年代，把女性留在科研领域得用上何等复杂的行政手段（更别说女性找导师有多艰难了）。那年是 1961 年，DNA 的结构六年前才刚刚被阐明——那会儿我还是本科生——用计算机研究海洋细菌的遗传学俨然是个新兴领域。在接下来的 10 到 15 年里，我一直是国家科学基金会持续资助研究海洋细菌进化关系的唯一一位微生物学家。我和杰克迫不及待地驱车奔赴加拿大开启新生活，离开西雅图时甚至忘了领取我俩的毕业证书。

在渥太华，国家科学基金会给我的资助足够我雇一个实验室技术员，协助进行实验和试剂制备。我雇了玛格丽特·布里格斯·古切纳尔（Margaret Briggs

Gochnauer)[18]。她比我大16岁，学历和经验都在我之上。古切纳尔是独生女，她的单亲母亲在百货公司工作，把她拉扯成才。虽然患有严重的阅读障碍，她还是进了加州圣何塞州立大学，并在马萨诸塞州的伍兹霍尔和加州的霍普金斯海洋研究站进行暑期研究。科研和孩子她都想要，因此她在1950年与托马斯喜结良缘。在斯坦福大学攻读硕士学位时，她的论文阐释了两种雌雄同体的线虫，后来均以她的名字命名：小杆线虫（*Rhabditis briggsae*）和广杆属线虫（*Caenor habditis briggsae*）。

古切纳尔和丈夫去了威斯康星大学，她的丈夫在那儿读博士，研究蜜蜂。但与她的研究对口的导师只有伊丽莎白·麦考伊（Elizabeth McCoy）[19]。这事儿有点麻烦，因为麦考伊觉得带已婚的女学生纯属浪费时间，太多人一怀孕就会放弃学术。古切纳尔只好隐瞒婚讯，最终成功拿到了博士学位。

我认识她时，她正焦急地找工作——不出所料，对方只要得知她有三个孩子，她就准没戏。我的资助是美国发的，所以并不触犯加拿大的反裙带关系规定。就这样，我们两个北美反裙带规定的受害者在我的小实验室里愉快地共事。在那里，我渐渐坚定了研究弧菌的打算，包括后来我重点研究的霍乱弧菌也属于这类水生生物。而我离开渥太华后，古切纳尔再没拿到过长期的研究职位。又是一位才华横溢却被埋没的女科学家。

博后第二年，我怀了第一个女儿艾莉森。一天，同实验室的、善良的微生物学家唐·库什纳（Donn Kushner）问我："你快生了，有什么我帮得上的吗？"我可不指望产假——休可以，那就休一辈子去吧。但我和杰克也没想过找保姆。好在库什纳是育儿老手了，他跟他的教授妻子（后来担任了大学校长）有三个儿子。他向我们推荐了自家管家的朋友吉特·戈德森。这位女士是英国人，面试时带着一个小笔记本，反过来问了我们一连串问题，比如"你们几点吃早餐""你们对孩子有什么打算"，等等。这些通常是雇主问才对。戈德森16岁时，她的母亲就去世了。父亲再婚后，后妈把戈德森和她的六个兄弟姐妹都逐出了家门，当时其中一个孩子还在蹒跚学步。兄弟姐妹们纷纷开始打工赚钱，戈德森负责照看最小的那个。等兄弟姐妹纷纷独立后，她做起了专职保姆。吉特·戈德森和我们一家共同生活了七年。多亏了她，我和杰克才能兼顾事业和正常的家庭生活。我们的两个女儿都很爱吉特小姐。她退休回英国后，我们全家基本上每年夏天都会去看望她，直到她去世。

• •

杰克在渥太华的奖学金项目临近尾声时，我参加了美国微生物学会年会。那会儿的年会就像现在一样，既是一场学术会议，也是面向青年科学家的招聘会。我也想去谋一个长期教职。我偶遇了好友兼同事迪克 · 森田（Dick Morita），他当时就职于俄勒冈州立大学。我问他知不知道哪里有空缺。他指着公告牌上贴的一小张告示，上书：乔治敦大学生物学系新晋主任诚觅微生物学领域重要教职人员。[20] 这位主任跟他是朋友。

我很感兴趣。乔治敦大学位于华盛顿特区，恰好杰克刚刚接了国家标准局（现为国家标准与技术研究院）的职位，离得不远。我在会议酒店的大堂见到了生物学系主任乔治 · 查普曼（George Chapman）[21]。他面临的压力巨大：校长要求他在一年内把该系的规模扩大一倍，建立研究生项目并启动研究，当然了，还要申请经费。我说我自己有经费，且已经发表过几篇论文，另外还有几篇论文的数据都做完了。他当场给了我工作，我俩握了握手。就这样，没面试，也不用客座演讲，森田给我当推荐人。

我原本打算花十年完成博士学位和博士后研究，结果八年就搞定了，所以我以为往后也会一切顺利。乔治敦大学是一所耶稣会学校，直到 1969 年才开始招收女生。而我早已放弃了天主教信仰，并且即将成为生物系唯一的女教员。不过查普曼和乔治敦大学的校长都不在意这些。查普曼招的人几乎没一个信奉天主教，他也习惯了女强人。他寡居的母亲为了培养他，不辞辛劳，终于让他得以去普林斯顿求学。年轻时，他在哈佛大学做教员，带过一个女研究生，名叫萨拉·吉布斯（Sarah P. Gibbs）[22]。此前，萨拉的第一个导师曾问她希望十年后做什么。她回答道："坐在您现在的位置。"那个导师让她丢掉一切读博的幻想，还把她踢出了组，说她只配读"高中或者大一的生物学课本"。第二天，吉布斯去了查普曼的办公室，后者同意做她的博导。再后来，吉布斯成了坐落在蒙特利尔的麦吉尔大学的教授。

查普曼是一位善良又热心的老板。我跟他说杰克喜欢玩帆船，希望我周末不要待在实验室，协助他打比赛。他答道："去吧，让杰克玩得开心。"1965 年，我生二女儿斯泰西时，查普曼还来医院探望我——但我必须揭露，这位仁兄还想拿我的胎盘去做实验。

近十年间，乔治敦大学生物系把我安顿在友好的茧房里，包容着我。我可以尽情发表研究成果，不必担心因提出的科学理论存在争议而影响自己的事业。我可以自由、独立地"发现"自然的运作机制。假如去的是哈佛或加州理工学院，我势必要跟男性大佬竞争，也要不断应对知识上的角逐。那时在乔治敦，本系过半的教职人员刚入职时，系里还只开了本科课程。他们只需要教教本科生，此外几乎没有别的工作。一位“老资格”的教员抱怨我编写的用于物种分析的计算机软件“太机械了”。他对计算机编程涉及数学和抽象推理这回事儿一无所知。

由于我的两个女儿尚小，丈夫也忙于自己的事业，我无法享受学术界惯例的一年期休假。我反而要时不时地出差一两周，去国内外的实验室找寻合作伙伴，并将最新研究进展的相关消息带给学生们。因为有孩子，我从来没有专门度过假。有一回，我和杰克一同外出参加了为期两周的科学会议。回来时，吉特小姐带着六个月大的艾莉森来接机。我伸手抱女儿，但她不要我抱，也不让杰克抱。她更喜欢吉特小姐。这事儿让我大受打击，我下定决心：以后的出差能短则短。女儿们长大一些后，还统计过我的出差天数，说我一年里有一半的日子都在出差。我抗议说不可能。但她们在日历上明明白白地做了标记，的确没有半年，但相当接近了。这又给我敲响了一次警钟。我再度立誓控制出差时长，非必要不外出。

这些会议和研讨会的参会者几乎全是男性。由于该领域女性较少，我的合作者也多是男性。许多年后，西海岸来的一位（男性）竞争对手依旧记得我是个“老练的年轻女士”，以及我的“优势在于能说服许多家伙一起合作”。[23] 但也不是所有人都买我的账。有一回，我和约翰·利斯顿去芝加哥参加美国微生物学会的会议，与著名的微生物学家埃纳尔·莱夫森（Einar Leifson）共进晚餐，被他隔着桌子高声质问：“你老公知道你在哪儿吗？你怎么不待在家生孩子？”当时我刚发表了一篇关于使用最新、最强大的电子显微镜研究弧菌结构的论文，可莱夫森依然忍不住教育我：“小姑娘，电子显微镜怎么能鉴定细菌？你只能靠肉眼和脑子表征它们。”他宣称观察细菌的唯一方法是使用老式光学显微镜，并采用他开发的染色技术。

不过，听听这种吹毛求疵跟失去资助相比也算不得什么。我当时刚刚向食品药品监督管理局（FDA）提交了详细的资助提案，申请 30 万到 50 万美元以继续我在海洋食品安全方面的微生物研究。这在当时是一笔不小的数目。提案颇受好评，于是 FDA 依照惯例派了一个四人小组来做实地考察。其中一名组员便是约翰·利斯顿，他从西雅图飞来。另一人来自麻省大学阿默斯特分校。我带他们参观了我在乔治敦局促的实验室，里面挤了两名研究生、两名写毕业论文的本科生和两名技术员。彼时我还没获准把女厕所改建成实验场地。小组人员和我们形影不离地待了将近两天。我向他们汇报了研究方法和工作计划等常规问题。原以为一切顺利——直到消息传来：小组驳回了资助申请。利斯顿来电向我解释，阿默斯特分校的那个教授投了反对票。其余的组员曾与他争论，但谁都劝不动他，因此只能拒绝申请。最令我难过的是，利斯顿说这人投反对票并没有明确的理由，他只是不喜欢女科学家。回想种种，我确信此类出于主观原因而阻碍青年职业发展的情况时有发生。《科学》杂志的首位女主编，也是美国国家科学院的首位女院长、地球物理学家玛西亚·麦克纳特（Marcia K. McNutt）尤记得一位青年女性获得哈佛大学博士学位后，在某研讨会上报告自己的论文研究。她讲完后，会议主持人宣布："问答环节就跳过吧，大家都知道刚刚呈现的结果是不可能的。有请下一位演讲者。"

要不是有杰克和我们的两个好女儿，我简直难以消解资助申请被 FDA 驳回的不忿。我们一家人会利用周末一块儿参加帆船赛，徒步穿越切萨皮克和俄亥俄运河纤道，观察在我们家对面的波托马克河上筑巢的鹰。与杰克和女儿们共度的时光使我能够保持冷静——也让我感到幸福。

这就是 20 世纪 60 年代的情况。我是乔治敦大学生物系唯一的女性，而微生物学教授在华盛顿特区并没有多少就业选择。附近的约翰·霍普金斯大学只有两位女性科学类教职工。[24]我立足的唯一办法是大量发表论文，证明我的研究准确且可复制。可缺了资金，就很难驳斥那些质疑。

那时，我的实验室已经有六名研究生和几名本科实习生，所以我雇了一位助理，名叫简妮·罗宾逊（Janie Robinson）。她是非裔美国人，比我年长 10 岁、高出 30 公分。罗宾逊原本在我们这栋楼做清洁工。她对我们的研究产生了浓厚的兴趣，一下班就来找我们。见我登广告招实验室助理，她问自己能否申请。我说当然可以。

在我们实验室经理贝蒂·洛夫莱斯（Betty Lovelace）的指导下，罗宾逊成长为一名出色的技术员。她学会了使用染色剂表征微生物的形状和特征，学会了把培养物用装有琼脂或明胶的试管和培养皿维持多年，还学会了操作高压灭菌器。罗宾逊成了我们的守卫，陪伴我工作了 20 年，直至退休。

••

乔治敦大学有一股我不喜欢的隐秘风气。刚到那里的头几年，一旦我招了个女博士生，我和她的学术声誉会双双遭到质疑。那些教职工对我也带男学生的事实视而不见，只觉得我是个二流教师，“只能”招几个女学生。他们还觉得，是这些女生不够优秀才会找不到男导师。那时，我唯一正式指导的女生是米妮·索查德（Minnie R. Sochard），她当时已经是一位小有成就却被忽视的科学家。索查德是《蛋白质序列和结构图谱》（*Atlas of Protein Sequence and Structure*）的作者之一。此书首次利用计算机将蛋白质序列信息编纂成册，是许多生物学家使用的研究工具。我还非正式地指导过才华横溢的非裔美国科学家阿特丽丝·瓦伦泰因·巴德（Artrice Valentine Bader）[25]。她当时已在美国国立卫生研究院做研究，后来休假去攻读博士学位。她和我同岁，是乔治·查普曼的博士生，不过我是给她论文通过的委员会成员。我劝她接受乔治敦大学的终身职位，但她更想留在卫生研究院。可喜的是，我们系之后录取了很多女研究生，她们后来在卫生研究院，或者在其他大学、各类公司都干得很出色。

1971 年，在乔治敦担任七年终身教职后，我有了晋升正教授的资格。同时符合条件的还有一位同事，他还是一位耶稣会神父。我不觉得这事儿有任何悬念，毕竟查普曼在教职工大会上都曾公开夸赞我的工作效率是全系最高的。入职乔治敦大学三年后，我就成了终身副教授。至于学术声望的硬通货——经费资助，我也从美国海军、国家科学基金会、美国国立卫生研究院以及环境保护局获得了超过 100 万美元的微生物生态学研究经费。数据、研究成果和出版成果我也样样不缺。[26]

简言之，当查普曼把我叫去办公室说有坏消息时，我着实蒙了。这一年的提拔我没戏，系里提拔了那位神父。而我要再等一年才能被重新推荐、晋升。我的辛勤付出、才华和有足够数据支撑的新想法……种种我以为足以确保我事业发展的东西都不够。

与此同时，越来越多的学生申请加入我的实验室，而我这儿已没有足够的空间了。要是有更大的研究机构能提供比乔治敦大学更多的空间和设备就好了。我想，我还是换个地方吧。

考虑到杰克的工作，我也只能留在华盛顿地区。该地区最著名的研究型大学，也就是位于巴尔的摩的约翰·霍普金斯大学，当时尚未对女性开放。在 20 世纪 60 年代，它也像所有常春藤盟校一样几乎不招女教职工。而离它不远的后起之秀马里兰大学已实行男女同校，该校的微生物学系历史悠久，是开展研究的理想之地。我给那边一位交好的同行打电话询问：“你们的帕克分校还招人吗？”

“太巧了，”他说，“我们有位微生物学教授跟你同个专业，他今年即将退休。”

第三章

姐妹情

就在我愉快地搬去马里兰大学之前不久，那里有一位完全符合条件的兼职讲师竟然被该校的七个岗位同时拒收。她问临床心理学的一位男同事，为什么一个岗位都不招她。

“面对现实吧，”他说，“你这个女人过于强势了。”

那天晚上，伯尼丝·“邦妮”·桑德勒（Bernice R. “Bunny” Sandler）在家中哭泣，她的丈夫问道：“你们部门没有强势的男人吗？”

“他们都很强势。”她答道。

这就不是邦妮的问题了，她的律师丈夫说："这是性别歧视。"如果她作为唯一的强者加入一群弱者，的确有可能被排斥。可既然大家都强势，缘何拒绝同样强势的她？他们之所以反对，只因为她是女人。[1]

这句简简单单的"这是性别歧视"开启了女性在科学界漫长的征程。我们开始联合起来，用数据武装自己，拆除所面临的障碍。这一切进行得悄无声息，等别人觉察到时，已然无法阻止我们。桑德勒和国会中的一位女性帮助我们实现了这一壮举。

••

国会1963年《平等薪酬法案》和1964年《民权法案》未把白领专业人士涵盖在同工同酬规定的适用范围内。然而三年后，林登·约翰逊总统签署了11375号行政命令，禁止联邦承包商在招聘时歧视女性。桑德勒研究这个主题时，发现了一个脚注。"我们学者有读脚注的习惯，"她说，"我翻到书的尾部去找。"桑德勒在那里为她这样的女性找到了一条前进的通路：由于马里兰大学（以及所有接受联邦资金的研究型大学）接受联邦资助，因此也属于联邦承包商。桑德勒后来在书中写道："那一刻，我如醍醐灌顶，忍不住高呼起来。"

于是，桑德勒与俄亥俄州关注教育机构经济和法律问题的小组“妇女平等行动联盟”联合对包括马里兰大学在内的大约250所美国大学提起了集体诉讼。她整理全国各地的女性在录用、任期、晋升和薪资等方面遭受歧视的种种证据，向美国劳工部提起了多项指控。桑德勒的部分指控虽然胜诉了，可惜约翰逊的总统令缺乏执行权，胜利也变得黯然无光——它无法使违规大学被处罚金，也未能推动程序改革以扭转不公现象。

好在，故事并未就此结束。就业歧视问题悄悄移交到了国会。国会里的俄勒冈州民主党代表、前教师伊迪丝·格林（Edith Green）对妇女在教育中的平等问题很感兴趣。她在众议院教育小组委员会担任委员长期间积累了足够的资历，就学术界的性别歧视召开了听证会。随后，格林走了一步妙招：她悄无声息地通过国会推动了后来被称为“第九条”的议案。不管是投票支持它的人，还是负责执行它的教学机构，都没看出其中的利害。

格林悄悄地招兵买马。她聘请桑德勒指导团队成员，向大家普及学术界性别歧视的有关现象；联邦劳工部富有同情心的专家文森特·马卡卢索（Vincent Macaluso）秘密地从战略层面出谋划策；劳工部的莫拉格·辛查克（Morag Simchak）则起草了一项技术性极强、艰深晦涩的修正案，她知道没人会真的去读。桑德勒半开玩笑地说起辛查克“曾向上级汇报过一回她起草的修正案，事后觉得不必再跟他们多言”。几个月后，格林把辛查克起草的“禁止任何接受联邦援助的教育项目进行性别歧视”的简短条款插入了后来的1972年《教育修正法案》，而未告知众议院同僚它可能造成的影响。条款进入法案后，格林命令妇女团体的领导不要游说支持法案第九条，以免引起国会男议员的注意。于是，国会乐呵呵地忽略了第九条的重要性，同意将“在教育领域歧视妇女”定为非法，并赋予女性个体为保住工作机会、抗议终身教职或聘任决定并要求平等报酬而起诉大学的权利。

桑德勒后来说到，大学机构以为1972年《教育修正法案》是“一项很小的法案”。一个月后，《华尔街日报》的乔纳森·斯皮瓦克（Jonathan Spivak）[2]以《性别歧视部分或引发争议》这一不痛不痒的标题巧妙地揭开了真相。

这一来，法务们火速提醒学校要采取权宜之计，把过去的反裙带关系禁令中的“禁止雇用教职工的妻子”修改为“禁止亲属监督亲属”，免得丢了联邦拨款。一些顶尖的科学家几乎在一夜之间连跳三级，从研究助理跃升为教授，其中就包括上一章中提到的两位女性——普渡大学工程系杰出的数学家维奥莱特·哈斯和华盛顿大学的藤壶专家多拉·普里奥·亨利。哈佛大学几位颇有成就的研究助理也是如此。数千名女性突然薪资大涨，且无拖欠，大多没有得到过半句解释。[3]教学机构不得不首度公开发布招聘信息，取消研究生院和专业学校的入学性别配额，并给予男女研究生同等的津贴——虽然白人男性照样安坐在吃香的研究助理职位，女性和科学界其他的弱势群体继续做着不那么吃香的助教。[4]

最关键的是，第九条让我们相信变革是可能的。但我们这些指望第九条能解决科学界性别歧视问题的人很快又迎来了新的失望。

• •

1972年，我们尚不知撼动旧观念有多艰难。在未来的几十年里，一位科学家将以其特殊的经历，说明科学界的偏见之深远。他就是已故的斯坦福大学医学院神经生物学系主任本·巴雷斯（Ben A. Barres）[5]。在其生命的前43年里，他的名字一直是芭芭拉·巴雷斯（Barbara A. Barres）。

巴雷斯从小就觉得自己是男孩，但一直被当作女孩儿养。（多年后，巴雷斯得知母亲怀她时为了保胎，曾服用一种雄激素药物。她出生时没有子宫和阴道，这种情况称作米勒氏发育不全。）她羞于与人谈论自己的困惑，所幸在科学中找到了慰藉。她的家庭并不富裕，父母都没上过大学。但好在家住纽约，巴雷斯可以参加罗格斯大学、哥伦比亚大学、菲利普斯安多佛中学和贝尔实验室开设的青少年高级科学项目。通过这些项目，巴雷斯对科研燃起了“难以自抑的激情”。

20 世纪 70 年代，麻省理工学院里一眼望去全是男性。和这里的所有人一样，本科生巴雷斯也是个科学迷。而目睹一位获得过诺贝尔物理学奖的教授在课上发表性别歧视言论并展示裸女画报时，她并没有说什么，只是默默地换了门课。后来，她上过一节人工智能大课，同学基本也都是男的。有一天，教授布置了一份家庭作业，放话肯定没人解得出里面那道数学难题。巴雷斯做出来了。她把答案交给教授，教授却坚称她作弊，讥讽她肯定是找男朋友代写的。“他根本无法相信那么多男人都做不出来的题，一个女人却解开了。”谈及此事，巴雷斯如是解释。（40 年后的 2017 年，加州一所州立大学的大一女生也遭遇了类似事件。数学教授非说她是抄了边上男生的答案才做对的——可那个男生的答案是错的。她向助教投诉了此事。那位教授在学期结束时悄悄离职了。）

虽然巴雷斯的成绩名列前茅，可麻省理工的教职人员清一色全是男性，没有实验室可以依例给她提供本科实习研究的机会。后来巴雷斯去哈佛读研，发了六篇高影响力的论文，却又在一场对于职业生涯至关重要的著名奖学金竞赛中败给了某位只发表过一篇高质量论文的男性。然后，在 1997 年 9 月的一天，巴雷斯在《旧金山纪事报》上读到一篇题为《自制男人》的文章，了解到一个人从女性变为了男性。巴雷斯之前只知道男的可以变女的，这才晓得反过来也可行。不久后，她开始接受睾酮治疗，感到“无比宽慰”。这是她第一次感到自在。

巴雷斯变性后更名为本。他的独特经历使他得以准确地评判科学界对女性的偏见。他曾听到一位男科学家说：“本 · 巴雷斯今天的研讨内容真不错……他做的东西比他姐的好多了。”巴雷斯清楚得很，本和芭芭拉所做的科学工作一样好，有些人却觉得芭芭拉做的研究不如本的重要。变性后，巴雷斯还发现人们更尊重他了。他说：“我甚至可以说完一句整话，而不会被男人打断。”巴雷斯还曾说过一句话，让我至今意难平：“除了变性，我这辈子所做的可能最有损事业的决定就是开始为学术界女性的福祉而战。”

遗憾的是，巴雷斯因罹患胰腺癌于 2017 年去世。在科学领域，他遭受了 45 年的歧视。这一切都发生在第九条通过以后。这项法案本应解决我们遭受的问题，然而它并没有做到。

••

女权主义运动在科学界起步较晚，但到了 20 世纪 70 年代，女科学家们开始约在家中谈论彼此遇到的问题，而不必承受领导狐疑的目光；有的甚至写起了回忆录，讲述遭受的不公。虽然批评者常称我们为“好斗、粗野的麻烦精”，但我们急需彼此的故事来看清自己所经历的历程——由此意识到我们并不孤单。

虽然有了第九条，但在 20 世纪七八十年代，很少有当权的男性认为科学机构需要全面改革。男人为了符合法律规定，保住政府资助，才开启了历史学家玛格丽特·洛西特所说的“旋转门时期”（Age of Revolving Doors）[6]，即暂时接纳个别杰出的女性，等法律和制度规定一旦放开，再把她们赶出去。

在第九条生效的头一年，生物学家莎莉·弗罗斯特·梅森（Sally Frost Mason）[7] 来到普渡大学攻读研究生。生物学系当年招收了一大批新生，男女各半。所有女生只能共用一位导师。女生们后来发现，这个男导师与每位女生单独谈话时都说了同样的一番话：“我们是怕失去联邦资助才录取你的。”他们不在乎女性是否成功。梅森无视这种侮辱，于 1974 年拿到了普渡的硕士学位，并开始在那里找博导。她找到了一个——也只有一个。后来博导意外去世，系里没人愿意接收她，梅森只得出走普渡，去别处读博。这个故事的结局很解气：2001年，梅森回到普渡大学担任教务长，成为该校事实上的首席运营官。她后来还出任了爱荷华大学校长，筹款超十亿美元。在美国，筹资能力的高低是衡量大学校长成功与否的标准。

规避第九条的另一个“旋转门”招数是雇一个青年女教师做做样子，给她开着低薪，却不给她升职。就在我被告知要再等一年才能评正教授的当口儿，一位才华横溢的女性——琳·卡波拉莉（Lynn Caporale）[8]——获得了乔治敦大学生物化学系的助理教授职位。在她那个系，男性很少有女同事。卡波拉莉准备去给300名医学生上第一次课时，一个男教授“友好”地向她提议：“你要是紧张，可以穿件透视装去上课。”卡波拉莉才不紧张，她给很多人上过课，当然也对在讲台上表演脱衣舞毫无兴趣。于是她笑嘻嘻地反问这位同事：“您是穿透明衬衫上课的？”任何女性都能听出她的嘲讽之意，但那位教授好像真没听懂。

卡波拉莉拿到的科研经费差不多是全系最高的。乔治敦的学生把“金苹果卓越教学奖”评给了她。然而，她请一位同行来学校做研讨会后，学校很快聘请了后者，年薪比她高10000美元。轮到卡波拉莉评终身教职的时候，组委会否决了她的晋升。她打听原因，一个同事私下告诉她："总觉得你不太像'生物化学教授'。"卡波拉莉向系主任抗议，系主任反而问她："既然他们不想要你，你何苦勉强呢？"——这话说得，搞得大学跟个社交俱乐部似的。卡波拉莉看清了事实，接受了默克制药公司的高薪职位。可那儿的情况也半斤八两：她与一众女员工一样，被提拔去了一潭死水的文职岗，而非入驻实验室搞研究。研发新药能赚的专利收入可比文职高太多了。

阿拉斯加大学的海洋学家丽塔·霍纳（Rita Horner）[9]是平等就业官员的眼中钉。第九条生效的两年后，阿拉斯加费尔班克斯市的平等就业办公室打电话给她，想砍她的工资。他们问为什么她的薪水比部门里另外两名男博士后研究员要高。"因为同为助理教授，我比他俩更优秀。"她回答道。办公室官员不依不饶地说，那些博士后已婚，要养家糊口。"你就知道我不用养别人？"霍纳反驳道。这一仗她是赢了，但后来她在实验室的部分空间却被划给了男研究员。她最终还是放弃了，转去华盛顿大学做非教学研究员，数十年里只潜心研究海藻。

偏见的形式五花八门。第九条生效两年后，动物学家苏·罗瑟（Sue V. Rosser）[10] 怀了二胎，在威斯康星大学做博后。一天，负责奖学金的教授告诉她，生二胎会影响实验室的拨款申请计划，要她堕胎。罗瑟选择要孩子，放弃科研，之后去旧金山州立大学做了教务长，成了研究型大学里的首位女性教务长。类似的事件屡见不鲜。在 20 世纪 70 年代，著名学府里的女性数量不升反降的现象也就不足为奇了。[11]

而那些坚持下来的女性则陷入了性骚扰充斥的工作环境。这是因为知名的教授和学生之间存在巨大的权力不对等。他们可以轻易地给学生判不及格、解雇他们，要么就是推荐、雇用。亲密的肢体距离、加班和实地考察也增加了性侵的机会。1976 年，“性骚扰”一词出现一年后，我头一回了解到这个术语。当时马里兰大学的一名女研究生向我透露，女生之间会相互提醒当心某教授：“他总损人，还会捏你屁股。”这个男人的行径从没有遭到任何处罚。

我很快就发现，大学和其他大机构一样，都擅长抱团。20 世纪 80 年代，我在马里兰大学系统 * 担任学术事务副主席，是那里职位级别最高的女性。当时一群女

---

* 马里兰大学系统是美国马里兰州的公立高等教育系统，由 13 所高等教育机构组成。

性行政人员（包括两名院长）找上我，告诉我人文系的一位主任是个惯犯，他以判不及格威胁学生跟他发生关系。作为州内系统的官员，我无权调查某个特定学校的案件。虽然学校最终进行了内部调查，但那个教授还是顺利地办了提前退休，养老金照拿。

我和同事开始思考如何才能有效地对抗不公。但成就斐然的海洋生物学家"鲨鱼女士"的事件表明，女科学家哪怕再有才华、再受欢迎，也可能会成为歧视的受害者。

我到马里兰大学时，尤金妮·克拉克（Eugenie Clark）是科学和数学领域为数不多的女副教授。那个时候，各个系相对独立，所以我俩没怎么打过交道。克拉克是一位天赋异禀、魅力四射的日裔美籍鱼类学家，曾出版国际畅销书《持矛女士》（*Lady with a Spear*）和《女士与鲨鱼》（*The Lady and the Sharks*），讲述她在密克罗尼西亚为美国海军进行有毒鱼类潜水研究的故事。[12] 她是使用水肺进行水下研究的先驱，并通过与鲨鱼同游，发现了它们繁殖、睡眠、呼吸和学习的方式。她对筹款驾轻就熟，从一位范德比尔特的家族成员那里成功募资，创办了佛罗里达州西南部的莫特海洋实验室与水族馆，并帮助成立了埃及的第一家国家公园。马里兰大学的一位校长说，克拉克一人对学校的宣传贡献比橄榄球校队更大。

然而，非凡如克拉克，也照样屈居副教授职位长达十年，起薪甚至比大多数男教师就业初期的薪资还要低。当马里兰州一群女教授联合起来要求涨薪时，克拉克的法律顾问警告她别掺和，因为媒体会把矛头对准她。“我都能猜到新闻标题会怎么写，”他说，“比如‘鲨鱼小姐恩将仇报’之类的。”她没有参与，但那群女性取得了重大胜利。她们和克拉克都获得了加薪，工资几乎与男性持平（可惜微生物学系位于马里兰大学的另一个校区，我当时并不晓得这些女同胞的壮举）。克拉克后来晋升为正教授。

还有一个问题，那就是科学界一部分顶尖女性和男人们一样，也对女性抱有偏见。出于某些现实原因，她们作为全系（有的甚至是全校）唯一的女科学家，不认为其他女性是合作者，而是她们“象征性地位”的竞争对手。例如，上一章提到的海伦·怀特利认为不必支持华盛顿大学的其他女科学家。还有某个位高权重但从未表明身份的女性自称没兴趣帮科学界的其他女性辩护。她说：“不值得在失败者身上浪费时间。她们若有本事，自然会成功。”内分泌学会的女性好不容易把诺贝尔奖得主罗莎琳·雅洛（Rosalyn Yalow）抬上学会主席的位置，雅洛却在就任演讲中明确表示自己无意帮助其他女性取得成功，甚至无意对帮助自己当选的女性表示感激。[13]她更是宣布："很不幸，我发现本学会有一群女性依然在搞特殊利益小团体。"

••

聊完各自的故事后，我们不再感到那么孤独。但我渴望的不仅仅是分享悲伤与闲聊，我更想要行动——其他女同胞也是。但，如何打赢一场连自己都一知半解的战役？我们意识到，揭露性别歧视的作用机制及其对女性心理与薪资待遇的负面影响都需要严谨的科学数据。掌握事实将是我们最有力的武器。

当时在华盛顿特区，一些活动家已经开始会面，我都尽可能地参加。得知其他女科学家和我一样认为科学界这个体系必须改革，我欣慰不已，也感到如释重负。一次见面会中，我了解到年轻的助理教授黄诗厚（Alice Huang）在哈佛医学院做的一项小型调查。诗厚出生于中国，她的父亲是一位圣公会主教。[14]十岁时，诗厚被父母单独送来美国，就读于新泽西州伯灵顿的一所女子圣公会寄宿学校——圣玛丽学院（现为多恩学院）。该校素以全美首座为女生提供与男生同等学术教育的学校自居。那三年，她的父母留在中国，由学校校长做她的法定监护人，她直接住在校长家，与校长的两位姐妹同住。

黄诗厚是个美人。她从韦尔斯利学院毕业后，靠着在巴尔的摩的一家百货公司做模特攒齐了学费，然后前往约翰·霍普金斯大学医学院攻读微生物学博士学位。诗厚很快就在动物病毒学领域崭露头角（其间顺便考了个飞行执照）。最终她受聘于哈佛医学院，担任助理教授。不久后，14 名研究助理和副教授对各自的职位颇有微词，男教授们便安排她去调查。这属于常规职责以外的志愿工作，但她还是应承了下来。

黄诗厚在 1972 年至 1973 年所做的非正式调查虽未发表，但令人深感不安。在哈佛，几乎所有生物学和医学院的研究助理和讲师都是女性，有些较之哈佛大学的男教职工能力和成就都更为突出。诗厚与她们一对一约午饭，席间，有些人崩溃得大哭。从来没有人问过她们的遭遇，她们也从没有比较过收入的差异。诗厚说："女性也害怕大张旗鼓地帮助其他女性会受到牵连，并招致更多歧视。"她的女上司也曾命令她不要雇用任何女性。

在哈佛，许多研究助理都是反裙带关系规定的受害者。第九条出台前，该规定禁止高校聘用教职人员的妻子。因此，有四位妻子在丈夫的实验室里身兼数职，同时做着秘书、技术员、洗碗工、助手甚至管理员，却没有收入（或薪水微薄）、失业保险、养老金、学术假期、应有的实验室场地、研究生学生或声誉。离婚或丧偶随时可能终结这些女性的职业生涯，[15]因为一旦该教授离开这间实验室，无论是他的研究助理还是妻子都没资格接管。黄诗厚也采访过一些保持独身的女性，发现这一身份并不能阻挡一些男性公然投来恶意。加拿大著名心理学教授汉斯·赛利（Hans Selye）[16]在其著作《从梦想到发现：论科学家》（*From Dream to Discovery: On Being a Scientist*）中形容女科学家“枯槁……心怀怨恨又敌对、专横、缺乏想象力”，且总是恋上老板。

黄诗厚认为，生物学领域的女性得搞一场严谨的科学调查——或者说普查——以表明我们是谁以及我们的遭遇。我们也深知商界、艺术界和政府部门的诸多女同胞面临类似的问题，但科学家有一大优势：测量与记录问题是我们的强项，而且我们中的一些人有终身教职，可以相对无虑地发表研究结果。鉴于大量女科学家进入了生物学领域，从这群令人敬佩的女性群体之中收集信息既顺理成章，也很合适。

因此，黄诗厚和另外三位女性微生物学家，包括哈佛医学院的伊娃·鲁思·卡什基特（Eva Ruth Kashket）、乔治·华盛顿大学医学院的玛丽·路易斯·罗宾斯（Mary Louise Robbins）和美国国立卫生研究院的洛雷塔·雷夫（Loretta Leive），对生物学女博士在职业生涯中面临的问题进行了首次复杂的、计算机化的研究。[17]

值得称道的是，美国微生物学会答应为这项研究提供资金。越来越多的女性在下班后聚在一起，合力把数据录入计算机卡。1974 年，这项研究发表在了美国领先的《科学》杂志上。

这项研究表明，女性的晋升速度比男性慢，而且每个阶段的薪酬都更低，且这种收入差距随着职业地位提高而扩大。男人每挣一美元，拥有相同学历的女人平均只能挣到 68 美分。绝大多数男科学家已婚有子，但几乎所有女教职人员都未婚未育。出乎意料的是，数据显示男教职工视持有博士学位的单身男性为异类，往往安排后者担任通常由女性填补的职位。黄诗厚在 2013 年表示："我多希望能告诉大家这项研究已经过时，可惜它的结论基本经受住了时间的考验。"近年来，更多研究深入探讨了有色人种女性在科学、技术、工程、数学和医学领域奋斗时面临的不同的、额外的障碍。

我并没指望一项新奇的调查能说服多少男性。但黄诗厚和盟友们为了让数据保持更新并引起公众关注，想出了一个绝妙的点子。他们请每位出席美国微生物学会年会的成员，无论是刚刚获得学士学位的成员还是正教授，都取一枚图钉——蓝色代表男性，粉色代表女性——钉在走廊上张贴的一张巨大的图表上，由此匿名地展示两种性别的级别和薪水。[18] 许多男性也参与其中。

很快，路过的人们都看到了，粉色和蓝色线条的长短差距越来越大。“这张图可能比任何东西都更有说服力，”黄诗厚说道，“无须任何演讲、公开抗议或发表任何言论，它足以让人瞠目结舌。”

黄诗厚急切地想知道还能帮女性做些什么，于是四处搜罗榜样女性去寻求她们的建议——却发现找不出几个。她意识到：“我认识的那几位女性连正教授都没评上，几年后就会离开这个领域。”不过她想到了美国最有影响力的女科学家玛丽·邦廷。没准她能给点儿建议。

玛丽·“波莉”·邦廷（Mary “Polly” Bunting）[19]是拉德克利夫学院的校长，并创办了拉德克利夫独立研究所，帮助因家庭问题而中断事业的女性重返职场。邦廷亲身经历过已婚女性在科学领域面临的歧视。她在威斯康星大学获得了微生物学博士学位，但和丈夫一同搬到康涅狄格州的耶鲁大学时，丈夫担任行政职务，她只能以助理和讲师身份做研究。

邦廷对诗厚坦诚相劝：“当下不要把时间花在帮助女性上。你必须专注自己的事业。只有掌握了权力，才能帮到女性。”换句话讲，自己得够权威，讲话才有分量。

黄诗厚听取了邦廷的建议，于是集中精力发展自己的事业。她先是担任了美国微生物学会主席，1991 年又出任了纽约大学科学院院长。在这之后，她才开始公开为科学界的女性出头。1997 年，她的丈夫大卫·巴尔的摩成为加州理工学院校长后，她放弃了自己的实验室，但继续担任了美国科学促进会会长，积极倡导男女双方平等分担家庭与育儿责任。

黄诗厚随后意识到，邦廷说得对。她曾以为“必须大声疾呼，向人们展示女性困境的数据，才会让每个人立即有所改变”。但她和其他女性活动家们逐渐意识到“变革是渐进的”。光靠第九条或一堆数据，改变不了科学界的运作模式。但我们仍然相信，只要团结起来，或许能够取得一些进展。正如黄诗厚所说：“如果我们在一个地方赢得一点，下一把就能赢得更多。”

••

既然被认真对待的唯一途径是成为权威，我们觉得应当成立一个可以公开发声的女科学家团体组织。因此，在 1971 年美国实验生物学联合会年会活动的深夜，27 名女性在酒店酒吧打烊后留下，成立了科学界女性协会（Association for Women in Science，AWIS）。该组织虽以医学领域的女性为核心，但向各学科的女性及支持者开放。享有终身教职的血液学家朱迪思·格雷厄姆·普尔（Judith Graham Pool）和内分泌学家尼娜·施瓦茨（Neena B. Schwartz）事业稳定，无后顾之忧，因此担任了协会联合主席。[20] 普尔在凝血方面的发现彻底改变了血友病的治疗，挽救了万千生命。施瓦茨于 1953 年受聘于芝加哥伊利诺伊大学医学院。[21] 据她所说，自己受聘的原因却是“(生理学）系里唯一的女教师怀孕了，系主任乔治·沃克林觉得‘孕晚期的妇女不适合给医学生讲课’”。施瓦茨有一项著名的发现，即激素抑制素产生于卵巢，可以抑制卵子的释放。男性科学家曾耗费数年在雄性实验动物身上寻找调节人类月经周期的激素，但施瓦茨认为雌性动物同样值得研究。果不其然，她成功了（后来人们发现男性体内也能产生少量抑制素）。虽然她的发现非常重要，施瓦茨依旧经历了针对女性和犹太人的歧视。作为女同性恋者，她还要与公开出柜的恐惧作斗争。

科学界女性协会提出的第一个问题是：为什么医学领域的女性未得到应有的研究资助？[22] 协会很快发现了一个重要原因：美国国立卫生研究院拨款申请咨询委员会中的女性成员只占到 2%，乳腺癌研究委员会只有两位女性成员，而多数委员会成员中根本没有女性。因此，协会威胁要起诉联邦卫生、教育和福利部（监管卫生研究院的部门）的歧视行为——不出数月，这些大委员会的女性比例从 2% 跃升至 20%。（最新数据还显示，女性申请研究经费的频率不如男性，应继续对此作深入分析，找到阻碍女性申请经费的原因。）

桑德勒和协会在法庭上取得的成功让个别寻求帮助的女科学家燃起了希望。[23] 但我们很快又意识到，此类诉讼往往会拖上好几年，最终的判决结果不是对雇主有利，就是给女性的补偿极少。但协会并不气馁，一如既往地倡导妇女权益。

••

情况日渐明晰。我们逐步意识到，主要障碍中的部分原因就出在我们交着会费并为它做着志愿服务的专业协会身上。例如，我曾在 20 世纪 70 年代末参加一场生态学会会议，一名与会者播放的幻灯片愚蠢至极，夹杂着与内容毫不相干的姿势挑逗的裸女形象。“二战”期间，军方曾利用性感女郎的画报让士兵在训练期间打起精神——难道成年科学家也得靠这个？当时，我作为受邀演讲者坐在会场显眼的前排。我默默起身离开，以示抗议。但没有一个人跟随我，事后也没人对此事有任何表示——虽然我不指望会有。在那个时候，但凡有女性对冒犯行为表现出不满，往往反被指责“不解风情”。

五年后，类似的事情发生在了美国微生物学会的年会上。该学会那时是（目前仍是）全球最大的生命科学组织，有35000名成员，其中三分之一为女性。（2019年，该学会的女性成员超过了半数。）当时担任学会主席的是贝勒医学院的罗伯特·威廉姆斯（Robert P. Williams），他在处理女性问题方面的声誉良好，还说服顽固不化的期刊编辑发表了黄诗厚教授及其合作者编制的那张图表，以体现男女薪酬及职称的差距。尽管如此，他竟也在发表就任演讲时公然放了一张近乎全裸的年轻女子漫画幻灯片，其胸前只遮着两个冰激凌球。他借此打趣“凡事不能只看表面”。台下的男人发出窃笑，女性则静静地坐着。事后，或许是受到女权运动的鼓舞，两名女性投诉了该事件。这在五年前是不可想象的。她们分别是加州大学洛杉矶分校海港医学中心的真菌学家玛乔丽·克兰德尔（Marjorie Crandall）[24]和密苏里州圣路易斯的微生物学家路易丝·劳登（Louise Louden）。她俩愤怒地去信质问威廉姆斯播放那张幻灯片的用意：“是为了让在座的女性微生物学家感到不舒服吗？还是要强调男性仍然掌权，而女性依旧是性对象的事实？……如果一位卓越的女性放出一张幻灯片，画着一个衣着暴露的白人男青年，用两颗冰激凌球遮住睾丸，蛋筒盖着阴茎……你感觉如何？”只可惜，比起后悔放了那张幻灯片，威廉姆斯更为自己遭受责难而沮丧。

问题并不仅仅在于学术大佬们对着色情图片发笑。作为微生物学会名下数个委员会的志愿者，我看到男性积极地——甚至好斗地——支持着女性成功道路上的一些障碍因素。微生物学会可能只是其中一道把女性推离生物学的障碍，但不得不说，它的能量巨大。

在介绍后续的事件之前，我先简要解释一下科学体系的运作方式。20 世纪 80 年代初，女性获得了生物学领域 40% 的博士学位。青年学者读完博士，会做两年或更久的博士后研究员。此后，想在学术界长期发展的人会谋求助理教授的职位。这是开启学术生涯的第一步。他们将在这个职位上度过压力巨大的六七年来证明自己的能力，努力升副教授——这是终身制职位。升不上去的助理教授通常会离校，去别处找工作。

而在科学界，衡量个人成就的标准取决于你受邀发表的演讲、拿到的经费和教学质量，尤其取决于你发表的文章数量。如果不能在同行评审的期刊上发表研究成果，基本就无处证明你的价值，也就不会获邀发表研究演讲、得到晋升、申到新的研究经费，你的研究生找工作的时候会失去竞争优势。而如果没能发表研究成果来推动科研进步，那你的研究基本也就不存在了。

当时，我们都知道男性把控着微生物学会出版的绝大多数重要期刊，这些期刊是组织的创收环节，具有垄断性。但直到仔细查阅相关期刊，我们才真正意识到问题的严重程度。每个期刊的主编都是男性。在主编之下是 750 名“专家”志愿者组成的评审小组，发表哪些文章就由他们选择——而 90% 以上的“专家”都是男性。[25] 他们的决定既不会受到质询，也不会被审查。（近 20 年之后，电影行业的女性也公布了类似的数据。在纯男性导演的电影中，女编剧仅占 11%，女编导仅占 21%。而反观那些至少有一位女导演的电影，女编剧占了 72%，女编导占 45%。[26]）

简言之，女科学家老老实实地给微生物学会交着会费，而组织未能履行应承担的职责。我们要了解学会的权力架构，从而搞清楚这种放任性别不平衡的政策是怎样制定的。

20 世纪 80 年代，微生物学会由志愿者运作管理。我们这帮“政变分子”聚在我们的领袖——沃尔特·里德陆军研究所的微生物学家萨拉·罗斯曼（Sara W. Rothman）的家中，在餐厅的地板上铺开一张大纸，画出了迷宫般的决策路径。[27] 最终，所有事务的决策路径都指向了学会主席。主席任期只有一年，但他（往往都是“他”）实际上会稳居权力顶端长达三年：头一年作为候任主席，第二年是正式主席，第三年是卸任主席。

因此，要改变学会生态，女性必须当上主席。

自1899年成立以来，微生物学会只出过三位女主席，大约隔代出一位。第一位是1928年的爱丽丝·埃文斯，我念大学时学过，埃文斯发现未经巴氏灭菌的牛奶会传播一种使人衰弱甚至致命的疾病。第二位是瑞贝卡·克雷格西尔·兰斯菲尔德（Rebecca Craighill Lancefield），她是研究另一种致命细菌链球菌的权威。人们普遍蔑称她能在1943年当选只是因为“二战”期间“所有男的都外出了”。第三位女主席是华盛顿大学的海伦·怀特利，她是1975年任职的。她的主要成就是发现了一种可以使棉花和烟草作物具有抗虫性的细菌。学会中多的是才华横溢的女科学家，个个都能胜任候选人，前提是竞选环境得公平。

好在，我们有两位杰出的男性微生物学家盟友。1981年，阿尔伯特·巴罗斯（Albert Balows）[28]出任学会主席，将主席提名委员会的半数席位给了女性。一年后，密歇根大学的弗雷德里克·内达尔特（Frederick C. Neidhardt）[29]宣布他任内的一大目标是扩充学会高层，让更多女性参与其中，还提名我参加1983年学会主席选举，事先并没跟我打过招呼。我俩压根儿不熟。内达尔特后来说，他不知何故，知道我“非常、非常热衷于”提高女性在学会中的话语权。确实，他说得对。对于提名，我既高兴又忐忑，荣幸地接受了挑战。（后来学会的微生物学妇女地位委员会设立了“爱丽丝·埃文斯奖”，以表彰在这个领域帮助过女性的成员，弗雷德里克是第一位获奖者。）

20世纪80年代初，女性担任公职的主要障碍是人们普遍怀疑我们能否成为合格的领导人。面对两位男候选人，我提出了“务实、性别中立”的竞选纲领，相信大部分学会成员（即男性）会吃这一套。我避开了“妇女”“女性”等敏感词，并以电子邮件的形式给学会总部发去我精心打造的财政规划，主张吸纳更多“青年成员”（其实是指女性和少数族裔）进入委任委员会，并提高“临床微生物学家”（其实是指医院实验室女性技术员）对竞选的认可——最终我赢得了选举。

身为主席，我得以发起一些早该发起的小变革：设立差旅补贴，资助青年科学家和实验室技术员出席学会会议，为支付不起酒店费用的参会者提供低廉的住处（通常会找大学宿舍）。我为女性和未得到充分关注的群体提供资金，包括非裔美国人、拉美裔和其他少数群体成员，以便他们能够举办招聘活动。学会的年度会议还会提供托儿设施。

这些变化是向前迈进的一小步，想要制定长期解决方案，仅凭女性隔几十年当一次主席是不够的。令人沮丧的是，我任满后担任学会提名委员会主席时，得知下届两位提名候选人都是男性。他们的竞选纲领只字未提对女性的支持。要是回到老样子，女主席再想当选，可能又得等上二三十年。

按照规定，候选人名单一旦公布便不得推翻，除非改动学会章程。而我清楚当领导最重要的一项原则是“不打无胜算之仗”。女性在学会仍占少数，要是男性成员联手反对，我们必败。于是，我单枪匹马地解读晦涩难懂的提名流程，没准把规则搞清楚后就能找到某种不声不响、无须对抗的办法绕过官方提名程序。

还真被我找着了。我竞选主席那年，对我的研究意见最大的密苏里大学医学微生物学家理查德·芬克尔斯坦（Richard Finkelstein）也是候选人。我开始思考，学会成立的86年里，为什么有82年都是男性赢走了主席职位？难道女性成员都不主动报名竞选吗？费了好一阵子，我恍然大悟。学会每隔几十年才有女主席的原因太清楚明了、太显而易见了，以至于我“灯下黑”了好久：学会确实会给成员邮寄时事通讯，通知非正式候选人的报名流程。但等大伙儿都收到通讯时，报名的截止日期早过了，而那时官方提名者已是板上钉钉。除非是芬克尔斯坦这种在学会担任过几次职务的内部人员才能及时看到官方提名名单，再报名候补。几十年来，这套系统向来万无一失。一切都说通了。

彼时，距离新一届主席非正式候选人报名截止只剩一两周，时间紧迫。改变一个如此一成不变的组织需要创新思路、外交手段和援手。好在我们已经作好准备。

我给当时在乔治敦大学医学院的安妮·莫里斯·胡克（Anne Morris-Hooke）[30] 打了个电话。莫里斯·胡克出生于澳大利亚，是个歌剧迷，追歌手的架势跟美食家追餐厅大厨似的，她的最爱是澳大利亚女高音琼·萨瑟兰（Joan Sutherland）。莫里斯·胡克毕业于乔治敦大学，是学会微生物学妇女地位委员会的积极成员。

我让莫里斯·胡克发誓保密，然后告诉她如果女性要竞选主席，就必须报名非正式候选人参加竞选。但这还不够。要想打赢官方提名的候选人，学会的女同胞们必须集中把票投给同一个人。票一旦分散开来，我们永远赢不了。大家必须高度服从组织、绝对保密、悄悄行动——所以此前从来没有知情人对外讲过这次“政变”的来龙去脉。

现在的朋友可能不理解保密的必要性，但直到近些年，特别是 #MeToo 运动兴起之前，女性都只能偷摸行动。一旦我们的所作所为被男人（甚至个别女人）得知，必将树敌无数，然后啥也别想干成。莫里斯·胡克回忆道：“（对他们而言）仅仅加入女权团体就是毒药，是接受了恶魔的亲吻。”萨拉·罗斯曼则说过：“一旦加入女权主义团体，便会成为众矢之的。两个女人站在电梯边上，就会有男人来问：‘你们俩女的在谋划啥呢？’”萨拉在沃尔特·里德陆军研究所的老板也抱怨她怎么跟“那些女的”混在一起。

我的确私下发起了这场运动，也出了点儿主意，而莫里斯·胡克才是那个勇敢的总策划。此外，我们还得找一个既有知名度又有经验的女性领袖愿意作为候选人参选。细菌代谢和调节领域的领军人物吉恩·布伦切利（Jean E. Brenchley）[31] 主动请缨。她当时正转去宾夕法尼亚州立大学。时间只剩下一周，我们要拿到至少 50 个签名，提名她为非正式候选人，拿到 100 个则更保险。这在今天看来轻而易举，但 1985 年那会儿连传真机都少见。

我通过电话向莫里斯·胡克口授了一些书面措辞，她照此写了请愿书，递交委员会：“我们，本文件的具名学会成员，特此提名吉恩·布伦切利为主席候选人。”请愿书只提名布伦切利一人。“我们在幕后静静地等待着，”罗斯曼回忆此事称，“姐妹们精神抖擞。”

在华盛顿地区的政府实验室收集签名比预期的更容易。不到一周，便有 100 多名成员签署了请愿书。我们在报名截止当天将请愿书交给了学会。曾在 1983 年提名我为候选人的弗雷德里克·内达尔特更是在学会的通讯中发表了一篇慷慨激昂的呼吁书，号召所有成员无论男女，都来给女性投票。

吉恩·布伦切利成为学会有史以来首位当选主席的女性非正式候选人。

这事儿激怒了一些男人。学会前主席约翰·谢里斯（John Sherris）对布伦切利与委员会推选的官方候选人角逐颇有微词，并致信微生物学妇女地位委员会，称其个人对于非正式候选人竞选程序可能“被特定群体用于谋取私利而担忧”。[32]（在此两年前，芬克尔斯坦也是作为非正式候选人参选的，倒没见谢里斯有过异议。）妇女地位委员会主席维奥拉·梅·扬·霍瓦特（Viola Mae Young Horvath）犀利地回复道，她认为布伦切利将“尽一切努力，平等地代表学会的所有成员……而且照手头的资料来看，学会以前一直没太做到平等”。[33]

即将卸任的主席莫塞利奥·谢策特（Moselio Schaechter）[34]在学会会后召集妇女地位委员会成员去他的高级套房。（学会主席一般都住会议酒店的总统套房，可我没住过。我当选后，人家告诉我只有上届主席能住。）谢策特说，委员会干的事儿“很危险”，可能会给“学会带来诸多问题”。

怒火渐渐平息。[35]著名科学家、罗切斯特大学医学院系主任芭芭拉·伊格莱夫斯基（Barbara H. Iglewski）被提名为布伦切利的继任者。一位想获得提名的男成员在会场外的走道上抓住伊格莱夫斯基的肩膀，愤怒地问："你们女的在搞什么？你们凭什么牺牲更称职的男成员，而去提名这些个候选人？"最后，新一届主席由伊格莱夫斯基当选。

在我出任主席之后的十几年里，包括布伦切利和伊格莱夫斯基在内，共有六位女性当选主席——比学会以往任何时段都要多。前三位更是接替当选，不像以前得隔个 20 年。除了吉恩·布伦切利，其他五位都是作为正式候选人参选的——皆由学会提名委员会提名。（如今，女性当选主席的届数比例与学会的性别比大致相当。看来政变的效果还不错。）

但我们依然任重道远。当主席并不是"为了荣耀"，那是男人竞选的动力。我们的目标是把学会永久地民主化。为此，在之后许多年，我们都得继续施压。

••

1987 年，我在芭芭拉·伊格莱夫斯基竞选前夕督促她"如果真的有意在当选后为女性做点事，必须加入任期足够久的委员会，那样才能干出成就"。伊格莱夫斯基相当有决心。1990 年到 1999 年，她整整当了九年出版主席，成就卓著。还记得前面说过，学会每本期刊的主编都是男性，且 90% 筛选文章的评审员都是男性吗？伊格莱夫斯基成功游说招收了更多女编辑和女评审员。1999 年，艾莉森·奥布莱恩（Alison D. O'Brien）出任《感染与免疫》主编，大家为此欢呼雀跃。十年后，奥布莱恩更是当选了学会主席。

我们这三只辛勤的工蜂还成功进入了学会势力强大的决策层，也就是理事会政策委员会。伊格莱夫斯基作为出版主席占有一个席位，安妮·莫里斯·胡克则担任了学会秘书长（顺便一提，她是作为非正式候选人竞选上的），我当选为美国微生物科学院主席。作为主席，我致力于将科学院重组为一个享有盛誉的杰出微生物学家荣誉协会，并提高了女性成员比例，改善了以往男性占绝大多数的局面。最终，学会的所有成员都受益于将妇女纳入领导层的改革。但更大的战斗还在继续。

••

以萨曼莎·"曼迪"·乔伊（Samantha "Mandy" Joye）为例，她来自艰苦的农场家庭，整个童年时期都遭受着霸凌，但依然正直，眼里不揉沙。[36] 20 世纪 90 年代中期，她去一位很有名的男科学家的办公室参加研究岗位的面试。"他的墙上挂着一本《花花公子》兔女郎日历，桌上摆着一个非洲的生殖崇拜雕像，一根巨大的男性生殖器，”她回忆道，“阴茎就在我视线的正前方，就在我面前。我很恼火，最后忍不住说，把那东西拿开。”

他说：“什么东西？”

“雕像，”乔伊说，“别让我看到。”

乔伊决定去别的地方做博后，后来在佐治亚大学成为海洋学家。她最近说过：“直到今天，我还要担心我的女儿在高中和大学里会受到怎样的对待，这太可悲了。做科学家必须不屈不挠，但这不是容忍不当蠢行的理由。”

再看看这个故事。[37] 1999 年，就在乔伊面试那个研究职位几年后，俄亥俄州迈阿密大学的助理教授玛乔里·“凯莉”·科万（Marjorie M. “Kelly” Cowan）在芝加哥参加美国微生物学会年会。派对过后，一个有名的成员邀请她搭自己的豪车回酒店。她道谢后上了车。他已婚，70 多岁，她 30 多岁。没过半分钟，他俯身按住她，吻她的嘴，摸她的胸。数年后，她回忆此事，从震惊再到回过神把他推开，她的大脑僵了大约半分钟。等回到酒店房间，她还试图合理化他的行为，心想可能是他喝多了，也可能是他得了痴呆，直到他在另一次会议后故技重演，她问：“你不是结婚了吗？”

“对呀，”他回答，“我很爱我老婆呀。”

数名女性都向学会管理层投诉了他的行径，但学校把他开掉了吗？没有。

因此，战斗继续。

下一轮交战发生在一所男性占主导的工科名校。一场关于热带鱼缸的战斗即将在那里打响。

第四章

阳光的力量

1964年，拉德克利夫学院的一位本科生在哈佛大学的一间实验室里进行着开拓性的科研工作。她在书桌前分析数据时，门突然开了。

“门口站着一位知名的科学家。他不认识我，但我知道他，”50年后，南希·霍普金斯（Nancy Hopkins）首度公开揭露此事，“我刚想起身跟他握手，他就飞快地穿过了房间，站在我身后，两手摸上我的胸，问‘在忙什么呢？’”霍普金斯一时想不出哪件事更令她尴尬：是来人竟是DNA双螺旋结构共同发现者弗朗西斯·克里克大神，还是他如此卑鄙的行为。[1]

直至今日，即使有着麻省理工学院教授和美国国家科学院院士这样光鲜的履历，霍普金斯还会时不时后悔当初没有说出这件事。[2] 当时，克里克来拜访詹姆斯·沃森，两人关系密切。他们未经罗莎琳德·富兰克林知情或同意，用她的X射线照片解析了DNA结构，共同获得了诺贝尔奖。沃森是霍普金斯的导师，也是她的密友。是他鼓励她一定要读博，从不对她动手动脚或示好。要是跟他说了克里克的所作所为，会让沃森难堪，也会让那晚的派对扫兴。况且，她能怎么样呢？女性都知道男人把她们视作性对象。现实就是这样。

霍普金斯说："过了几年我才反应过来，会这样对待学生的男人，才不关心她的实验记录。"

霍普金斯花了30年才正视这一事实：自己身处歧视女性的体制之内，自己的才华、勤勉和开创性实验都不足以让她胜出。即便她收集了数据，证明问题出在性别歧视上，她也没办法。

作为科学家，我们向来清楚数据的重要性。问题是如何运用这些数据。霍普金斯的同事们替她回答了这个问题——但直到她们与管理层进行了对抗，并把真相传播到学术界时，这股力量才得以真正发挥。

尽管后来，霍普金斯为她的勇气付出了沉重的个人代价。

●●

这场反抗始于 1973 年。[3] 当时，麻省理工学院聘请南希·霍普金斯入职，距哈佛实验室的那场梦魇已过了十年，第九条修正案刚刚禁止接受联邦拨款的教育机构歧视女性。麻省理工学院尤其危险：女性在本科生中的比例超过三分之一，却仅占教职员工人数的 8%——而且，由于捐赠基金有限，麻省理工不敢冒丢掉联邦拨款的风险。霍普金斯在哈佛攻读分子生物学时受到了出色的训练，其研究备受关注，因此成为麻省理工的教职成员。她视自己为平权行动的受益者——成为第九条通过后麻省理工雇用的“大约第十位”女性。

霍普金斯刚到麻省理工，一位女行政人员便提醒她学校的女生会惹上麻烦，教授们总想找她们约会。“我当时没能马上意识到问题的严重性，”霍普金斯后来坦言，“心想男女在一块儿，还能指望有什么好结果？”

几年后，霍普金斯目睹了麻省理工令人担忧的一些情况。[4] 当时她在一个委员会，职责是审理学校、学生与教职工之间的关系。应男性成员要求，她和另外两名女性委员私下采访了女性本科生、研究生、博士后和教职员，最终形成了一份报告，提出“这些女性在智力、情感甚至性等方面格外脆弱，常常感到男性（对她们）的偏见、操纵，且对她们的需求与关心的事物缺乏共情”。女生们透露，一些男同学和男老师总对她们摆出一副高高在上的样子。女性在麻省理工待得越久，志向就越低。一位学生给人的印象尤其深。霍普金斯问她毕业后想做什么，她“觉得自己可以凭借麻省理工博士学位找一份儿童玩具设计工作”。女性教职工则谈到薪水偏低与实验室空间不足的问题。委员们告诉教务长沃尔特·罗斯布里斯（Walter A. Rosenblith），学校的女生和女职工觉得她们并没有得到很好的对待。这位真诚而富有同情心的男士闻之几欲落泪。他说自己良心难安。

1973 年时，霍普金斯还不是女权主义者。[5] 她觉得联邦政府和妇女运动已经消除了她这一代人的性别歧视。在她看来，问题出在“我唯一感兴趣的高水平的科研每周花费我 70 多个小时。我怎么做得到又当科学家又当妈”。“母亲不可能当大科学家”这一信念如此根深蒂固，以至于麻省理工半数以上的终身任职女性都没有孩子。

霍普金斯婚后，原本计划等做完博士后，30 岁前就要孩子。当时尚无羊水穿刺和体外受精等辅助中老年女性生育的手段。不过后来霍普金斯离婚了，便决定不再婚也不生孩子。“回溯过去，”霍普金斯在 2015 年反思道，“我怎么会那么迟钝，花了那么久才意识到半数人无法平等参与能兼顾家庭的行业，就是存在歧视的。”多年后她才意识到：“科学工作和相关的体制机制本就是由男性设计、为男性服务的。这个体系就是为了确保男性拥有全职太太照顾他的家庭。”

过去，她将事业上的一切失意尽数归咎于“自身的不足”，“自己在这个竞争激烈的行业中尤其缺乏进取心或自我推销能力”。[6]“我能想到的应对措施只有更努力工作，”她后来说，“想办法把实验做得更好。想着只要拿到诺奖，就不必自我推销了——到时候，人人都会认可你的发现。”

一天，霍普金斯听说全球领先的发育生物学家克里斯蒂安·努斯莱恩·沃尔哈德（Christiane Nüsslein-Volhard）[7] 正从果蝇遗传学转向研究脊椎动物遗传学。霍普金斯对行为遗传学很感兴趣，于是休假去了德国图宾根大学。[8] 努斯莱恩·沃尔哈德正在那儿研究基因变化对后代的影响，她刚搭了一间装有 6000 只鱼缸的鱼房，能容纳十万只斑马鱼。这是一种很常见的家养热带观赏鱼，它们周身透明，因此人们能够方便地观察其体内器官的形成和生长。

霍普金斯对斑马鱼一见钟情，想用它们研究脊椎动物早期发育的基因。[9]这纯粹是冒险。当时她需要的技术还没问世，能成才是奇迹。但她决心一试——为此得有更大的实验室空间放鱼缸。可她在麻省理工的实验室连几个研究生都挤不下。

于是霍普金斯在1993年向系主任申请实验室空间。对于霍普金斯这样的终身教授而言，这要求再合理不过，给教职工多分点空间并不难。但主任直截了当地拒绝了，还告诉她："二流科学家才爱用斑马鱼。"一流遗传学家的宠儿向来是果蝇。

"但这是一门新科学，"霍普金斯抗议道，"努斯莱恩·沃尔哈德就是这么做的。"

"这名字怎么拼？"系主任说——他不知道是谁。（仅仅三年后，努斯莱恩·沃尔哈德荣获诺贝尔奖，她把一部分奖金用于资助女科学家，帮她们支付家务、烹饪和育儿的费用。）

此前，霍普金斯已经开始怀疑男性是否真的在意她的工作。一位表扬过她的研究报告的资深科学家提出跟她发生关系，[10]使她备受困扰——不仅因为这件事本身，更因为她由此怀疑自己的研究可能没他说的那么好。此外，她开发设计了一门新的遗传学课程，却被男教授接替。[11]后者还打算拿它作为自己新书的基础。《科学》杂志上有篇文章曾提到此事，称霍普金斯"彻底停止教学，以示抗议”。另一位她十分敬重的系主任也不让她新开一门遗传学课，因为男本科生“不会相信女老师教的科学信息”。[12] 最糟糕的是她知道他说得对。

但压垮她的最后一根稻草是没能申请到实验空间安置鱼缸。

每天上班，霍普金斯都感到“强烈的苦涩、无望、绝望、悲伤和不被理解”。[13] 而且“没法跟任何人倾诉，没人会信你。我们这代女性只能相信是自己疯了”。她想知道，自己是不是真的遭到了不公平对待。麻省理工的男人拿到的实验室空间是否真的比她更多？对于霍普金斯这样的科学家来说，解答的办法显而易见：量一量。

霍普金斯不想树敌。她回忆道：“去系里开会的时候，会看到那些 30 年前闹过矛盾的人现在还是彼此恨得牙痒痒。”她生怕被当作一个怨声载道的“刺头”——那样的人必定是个差劲的科学家。但她必须搞清楚这件事。所幸在那个年代，大家还不像今天，醉心于把研究成果转化为有利可图的专利，大多数实验室都开放合作，欢迎同行学者造访。于是她带着卷尺，走遍了麻省理工的各个实验室，记录下每一间的大小。她足足花了一年，总算得到了要找的真相。她猜得没错：男人的实验室更大——有些比她的大四倍。[14] 资深男教授的实验室平均面积有 3000 平方英尺，而资深女教授的平均只有 2000 平方英尺，大致只相当于初级男教师的实验室大小。

霍普金斯勃然大怒。[15] 她在窗台上叠了一大堆关于实验室测量结果的记录、投诉意见和信件，把它们通通交给了律师。律师定了性：这是歧视。霍普金斯考虑起诉麻省理工，下定决心，“除非这种情况有所改变，否则再也不做科研”。

1994 年夏天，霍普金斯起草了一封言辞激烈的投诉信，打算发给麻省理工学院校长查尔斯·维斯特（Charles M. Vest）。寄出前最后一刻，她打算找个女同胞征求一下意见，于是跟玛丽·路·帕杜（Mary Lou Pardue）[16] 教授约在当地的一家咖啡馆吃午饭，然后小心翼翼地把信摊在桌上给帕杜教授看。令霍普金斯惊讶的是，这位在 11 年前当选美国国家科学院院士的教授当即作为担保人在信上签下了名字。在这之前，她俩都不曾向对方或同事吐露过各自的沮丧，甚至连自己有几个女同事都不清楚。霍普金斯提醒道：“要不翻到（课程）列表背面看看，会不会是把女教职人员单列了？”并不是。帕杜和霍普金斯惊讶地发现，麻省理工的六个科学系（生物学，数学，物理学，化学，地球、大气与行星科学，脑与认知科学）雇用了 197 名终身任职的男性，女性却只有 15 名（包括她俩在内），还有两名终身任职的女性在工学院。霍普金斯和帕杜把这封信拿给这 15 位女教授，除了一位自称并未受到歧视的教授，其余 14 人均当场签字。不出 24 小时，她们组成了一个小而团结的女性团体。

平均而言，这些女性比理学院的男性更杰出，她们当中有 40% 是美国国家科学院和 / 或美国艺术与科学院成员。[17] 20 年后，情况基本不变：麻省理工学院那 16 位在霍普金斯投诉信上签字的科学系、工程系的资深女科学家中有四人获得了国家科学勋章，而这些部门的 162 名男性正教授中仅七人获得该奖章。此外，11 名女性后来分别当选为美国国家科学院、工程院和医学院成员，而 162 名男性教授中仅 11 人当选。

然而，霍普金斯和盟友们不想做出头鸟，约定秘密行动。[18] 8 月，她们与理学院院长罗伯特 · 伯根诺（Robert J. Birgeneau）约见，把信亲自交给他。每位参加会见的女科学家一一讲述了自己的遭遇。其中一人称自己在职业生涯中遇到的烦心事三天三夜都说不完。[19]

伯根诺是个热心肠的领导，做事雷厉风行。他后来对《科学》杂志的记者提起这次会议，称它“简直惊心动魄……类似于某种宗教体验”。[20] 他知道这些女性都是美国顶尖的科学家，却从不知道她们有多么苦恼。伯根诺说，如果只有一个女人找他投诉，他可能会把原因归结为她和老板之间的私人问题。但听了在场杰出女性的所有故事后，他相信霍普金斯是对的：这就是歧视。麻省理工在第九条方面存在法律问题，但更大的问题是人和系统性的。这些女性的职业地位越高，就越感到被边缘化。为了教职工和大学自身的利益，学校必须解决这个问题。

走出伯根诺的办公室，所有人都飘飘欲仙，在街头跳起了舞。

••

在多数大学依旧忽视女职工投诉的年代，罗伯特·伯根诺成立了秘密委员会以收集更多数据，并得到了查尔斯·维斯特校长的力挺。起初，伯根诺担心霍普金斯“太激进”而不便担任委员会主席，但别的女教授都拒绝接替她的位置。事实证明，最大的挑战在于男性系主任，他们大多数人完全反对这个委员会。[21] 霍普金斯回忆起 1994 年 9 月的一场会议，男教师们“坐在那里一动不动”，直到伯根诺妥协，任命三名男性加入这个原本全是女性的团体。这三个男教师中有两位很快地与女性结了盟，其中就有诺贝尔物理学奖得主、人文主义者杰罗姆·弗里德曼（Jerome Friedman）。

伯根诺后来说，该委员会的信息是“数据驱动的”，这事儿“很有麻省理工学院做派”。数据一目了然。[22] 在科学院的六个系当中，有三个系的女本科生占比过半，且全国的女博士生数量也在上升，但麻省理工女教职工比例在 20 年间一直停滞在 8% 左右。女教师的薪资、养老金和开设实验室的资金较少，分配到的教学设备更少、教学负担更重，获得学院奖项、系主任职位和有影响力的委员会席位机会更少。要是男教授被挖墙脚，学校会开高薪挽留他，但绝不会为了女教师而这样做。科学或工程学科从没出过女性系主任。资深女教职工在系内倍感被边缘化却无能为力。初级女教师的满意度相对较高，但她们的主要困难在于平衡职业和家庭，半数以上的终身任职女教职工都没有孩子。

伯根诺甚至在委员会的报告完成之前就开始解决问题了，实验室空间和工资问题最好办。[23] 霍普金斯拿到了 5000 平方英尺的空间来安顿鱼缸，还被免除了教学任务。这样一来，她每周可以投入 30 到 40 个小时从事科研以及处理妇女权益问题。一些女教师在一年内加薪 10%。为了提高女教职工数量，伯根诺等候选名单上的所有女性都面试完后才批准聘用男教师。他招募了如此多的女性，以至于在后来的统计图中出现了一个“伯根诺峰”。霍普金斯和委员会中的女性打消了起诉的念头，只想安心搞科研。

但这种不平等是怎么来的呢？[24]委员会的报告得出结论："麻省理工学院里的大多数歧视，无论其行为主体是男性还是女性，大多是无意识行为。"这在大多数科学家看来是新鲜事儿。虽然自20世纪70年代以来，心理学家一再表明男性和女性都会无意识地高估男性所做工作的难度，并且低估女性的工作难度。霍普金斯认为，存在歧视的原因在于"男人在运行着这个该死的系统。女人们隐没在暗处，苦哈哈地写拨款和筹款申请。情况就是这么个情况，但没人深究"。

委员会于1996年提交了150页机密报告。部分内容发给了相关的系主任，但读到完整文件的只有三个人：维斯特校长、罗伯特·布朗（Robert A. Brown）教务长、伯根诺。

随后三年里，委员会就报告内容应该公开到何种程度展开了争论。最后在1999年，也就是南希·霍普金斯起初申请增加实验室空间被拒的五年后，该报告发表在了麻省理工学院教职工通讯上，并得到了维斯特校长的全力支持。他在一篇引言中写道："我一度以为当代大学里的性别歧视部分存在于现实，部分体现在观念。但我现在明白，现实占了更大比重。"

女记者们听闻美国顶尖理工院校承认系统性剥夺了

杰出女科学家公平分享资源的事实，争相报道。[25]《波士顿环球报》周日版刊登了记者凯特·泽尼克题为“麻省理工女性赢得反偏见斗争　学院破天荒地承认歧视行为”的报道。两天后，《纽约时报》发表了凯莉·戈德堡执笔的“麻省理工承认歧视女教授”。此前，多数读者对女科学家压根儿没有概念，更别提她们面临的歧视了。霍普金斯相信，若没有这批文章和报道，这份报告很快就会石沉大海，下场与1983年麻省理工学院某个计算机科学研究生编写的报告无异。[26]这一次，数百名女科学家在读过该报告或相关报道后给维斯特发邮件，分享各自的经历。

读着维斯特的声明，霍普金斯觉得心中的痛楚逐渐消散了。[27]她之后说道：“想到学校里有权势的人倾听我们的诉说，并承认‘是，你们说得对’——于我而言，那就是最高光的时刻。”一周后，霍普金斯上班时，办公室外的走廊被摄制组堵得水泄不通，办公室电话也响个不停。她接起电话，对方说：“这里是澳大利亚广播电台，欢迎来到我们的直播间。”

在那个年代，多数女性都担心直言不讳会毁掉自己的事业，但霍普金斯选择再次出战。她受邀前往全美100多所大学讲述“麻省理工奇迹”。时任总统比尔·克林顿及其夫人希拉里·克林顿阅读了报告，要求麻省理工派伯根诺与一位教职员工出席那一年4月7日的全国平等薪酬日庆典。“此人非你莫属。”维斯特点名霍普金斯。活动上，她就坐在希拉里·克林顿旁边，跟克林顿总统仅隔两个座位。面对着观众和一堵摄像机墙，她紧张到一时忘了怎么称呼总统。“我好像喊的是‘克林顿先生’。”她说。克林顿夫妇都发表了简短讲话，赞扬了麻省理工学院，并肯定了女性对美国科学与经济的重要性。《科学》杂志和《高等教育纪事报》均对这一事件进行了重要报道（不过后者三度称霍普金斯为“霍普金斯先生”）。

当然，这之中也不乏阻力。《华尔街日报》发了一篇社论，谴责麻省理工学院的报告是“社会科学的政治化行为”，并认为女教职工降低了大学的高标准，指责该校调查委员会（由全美最优秀的科学家组成的，包括一位诺奖得主、数位美国国家科学院院士）未使用恰当的“科学程序”评估女教授的投诉。[28]

维斯特和伯根诺坚决驳斥：“当初都说大学女生不愿意从事体育运动。结果由于第九条的推动，1999年最重要的体育事件便是美国女足在世界杯夺冠。之后人们又说大学女生不爱读理科，可如今麻省理工超50%的本科生是女性。女生与男生在学术上唯一的区别就是她们的毕业率更高。现在《华尔街日报》又来告诉我们，女性不想当大学理工科教授。”[29] 他们的观点很明确：女性在科学领域的不足并非出于自愿选择。

在接下来的十年里，该委员会针对麻省理工理学院的报告成为改革该校其他学院、其他大学以及审查对女性、非裔与拉丁裔科学家偏见的范本。[30] 维斯特邀请其他八所大学的校长来到麻省理工，并承诺开展类似研究，消除性别偏见。麻省理工成为美国为数不多的男女同酬、有女性系主任的大学。2004 年，神经科学家苏珊·霍克菲尔德（Susan Hockfield）成为该校首位女校长。麻省理工学院最重要的举措大概是规定“任何教职员工，无论男女，都不得因其家庭责任而受到不利影响”。2014 年，该校出台新的家庭休假政策，女性如有孩子，可自动延期获终身教职的期限，校内还设立了托儿所和出差托儿补贴。对此，霍普金斯报告说，有了新规，初级女教职员工生育孩子已成为新的常态。

那些担心自己因直言不讳而被看作“麻烦精”的女性非但没有被边缘化，反而茁壮成长。[31]“我的研究蓬勃发展，”一位女性谈道，“我的经费增加了两倍。我现在热爱我工作的方方面面。真不知道以前是怎么过来的，更想不通以前为什么要忍气吞声。”霍普金斯的事业也开始腾飞。[32] 她的实验室顺利扩建，可容纳 20 多名研究生和 15 万只斑马鱼。她的团队确定了斑马鱼早期发育所需的超过 25% 的基因。霍普金斯因具有开创性的研究被授予麻省理工学院名誉校长，还当选为美国国家科学院院士。

●●

我认为麻省理工的报告颇具开创性。其调查结果被详尽地记录在案，并且得到了全美领先的科研院校校长的认可，证实了女性长期以来的呼吁。这份报告对大学内部性别歧视问题的影响类似于 1991 年安妮塔 · 希尔（Anita Hill）和克拉伦斯 · 托马斯（Clarence Thomas）的听证会 * 对性骚扰问题的影响。

美国国家科学院院长玛西亚 · 麦克纳特（Marcia K. Mcnutt）认为这份报告是一个里程碑，标志着科学界对女性的多数公然歧视行为的终结。[33] 她说，此后再也不会有人对女生说“别别别，别来这儿，你不行，你会害了这个领域的”。

---

* 指在 1991 年美国最高法院大法官提名过程中发生的一系列公开听证会。当时，克拉伦斯 · 托马斯被提名为大法官。在提名过程中，安妮塔 · 希尔作为托马斯的前助手出席了听证会，并提出了有关性骚扰的指控，称托马斯在过去的工作环境中对她进行了性骚扰。这场听证会引发了激烈的辩论和争议，成为当时的热点话题。最终，克拉伦斯 · 托马斯当选大法官，但这一事件引起了公众对性骚扰问题的关注，促使了对该问题的更多讨论和立法行动。

南希·霍普金斯掀起的这轮反抗取胜的原因何在？[34]罗伯特·伯根诺认为，这个委员会的研究报告之所以没被束之高阁，并非在于其法律影响，而在于支持它的团体的力量。曾在委员会任职的海洋学家萨莉·“佩妮”·奇索姆（Sallie W. “Penny” Chisholm）认为，它成功的原因在于女性们搁置了彼此间的猜疑，忽略了学科间的差异，只专注共同的遭遇和经验。[35]我认为，麻省理工的革命之所以成功是因为在学术界，女性首次团结在了一起，共同努力推动变革。#MeToo 运动给新一代上了同样的一课：一旦女性朝着共同的目标努力，她们的力量强大无比。

“要教导女孩为自己挺身而出，”分子生物学家、普林斯顿大学前校长雪莉·蒂尔曼说，“如果世界完全公平，我们自不必抗争。但是目前为止，公平尚未实现——所以必须抗争。”[36]

南希·霍普金斯表示赞同。她还强调必须在对的地方寻找盟友。她说：“（从这份报告中）我们学到的最重要的一点并且要反复重温的，也就是我所说的第一法则：时间本身不能改变事物……只有强大的决策者有意行动才能改变机制。”[37]正如她告诉《科学》杂志的那样：“逐个改变人心与想法太慢了。必须改变体制，人心自会随之转变。”

后来，伯根诺离开麻省理工出任加州大学伯克利分校校长，便证实了这一点。麻省理工的平权发展进入了停滞期——学校新招的女性人数不见上涨。后来，新院长入职以后雇用了更多女性，图表上的这条线才再次上扬。

麻省理工的报告也在各校造成了意想不到的后果，即麦克纳特所说的新的“双重期望”——“男人做的，女人也得做，而且要做得更多”。[38] 女教职工带的女生越来越多，每个意欲体现进步的校委会都要招一名女成员。本就寥寥无几的女教职工很快分身乏术，忙得不可开交。这些新的工作任务让许多女性的科研时间少了大半，男同事则干着咨询岗，拿着丰厚的补贴。

麦克纳特说“微歧视，即男性无意识的偏见”并未消失。打断女性发言、在她们发言时插嘴，这些或许是最明显的表现。有的男性更糟糕，还会把女性所做的发现归为已有。麻省理工商学院教授洛特·贝林（Lotte Bailyn）[39] 就曾说过，这只是 21 世纪针对女性的一连串改头换面的微歧视中最明显的一种，哪怕有些是出于“明显的善意”。

有时，偏见甚至不那么微妙。2005 年 1 月 14 日，南希·霍普金斯出席一场闭门会议，哈佛大学校长劳伦斯·萨默斯（Lawrence Summers）在会上讲话。该校长在任期内废除了哈佛的最高平权职位，还削减了对女性的终身聘任职位数量。当天，萨默斯在演讲中表示，“一把手”的位置缺乏女科学家的原因可能是两性先天的能力差异，他对几十年来有意和无意排斥她们的歧视视而不见。霍普金斯倍感不适，离开了会议室。萨默斯的言论与霍普金斯的回应在媒体上喧嚣了数月。许多男记者站队萨默斯，霍普金斯系里的一些男同事也不再与她往来。还有人在她路过自己办公室时大声恫吓，大量色情邮件涌入霍普金斯的邮箱。

然后有一天，她的老朋友詹姆斯·沃森过来对她说萨默斯说得对：“女生就是没法搞科研，你得为自己的错误言行向萨默斯道歉。”沃森还说，如果她不道歉，就跟她绝交。

谈起此事，霍普金斯说：“我失去了40年的挚友。”这就是招惹男人的代价，哪怕不过是说了几句实话。[40]

至于萨默斯，哈佛给他加了薪，还发了荣誉学位。2010年，他成为奥巴马总统的国家经济委员会主任。

●●

麻省理工理学院的女教职工比例从1963年的0上升到1995年的8%，再到2014年的19.2%。但再往后，迈向平等的努力就停滞了。2009年，麻省理工生物系有

14位女教职工，而到了2019年，依然只有14位。[41] 在这十年间，生物和化学女教师的实际比例更是下降了。学校估计，照这个速度，理学院的女教职工比例再过42年才能达到50%。到那时，今天的大多数高级女科学家早已离世。

我们的国家发展离不开最出色的这群科学家和工程师——男女各占一半。我们要靠他们来应对全球变暖、安全用水，为地球上预计将达到的100亿人提供充足的食物，明智且道德地使用人工智能和强大的可视化工具，造福全人类。应对这些挑战需要人类的集体智慧与才能。

我们已经讨论了消除性别偏见的机制改革。但在个体层面呢？女性科学家和她们的工作是否能像男性同行一样受重视？

第五章

霍乱

我乘坐一艘小摩托艇，驶向距离孟加拉国首都达卡约一天航程的霍乱研究站。那时，我刚在马里兰大学升任正教授，首次去孟加拉国做研究。穿越恒河三角洲时，一辆救护快艇载着一对青年夫妇和他们的孩子“呼啦啦”地超过了我们，驶向研究站。这里同时也是该地区的霍乱医院。目测这对父母年仅十五六岁，显然心神不宁。母亲把婴儿抱在怀中，估计是个男孩。1976 年那会儿，孟加拉国人一般不会带女婴上医院。[1]

救护船一停靠在研究站，那对年轻的父母便冲向了一顶星巴克咖啡店帐篷大小的帆布帐篷。帐篷的四围卷起，能看到水泥地上支着一排排帆布霍乱病床。每张床上都有一个洞，上面放置的漏斗会把患者的米水样排泄物导入地板上的罐子。每张床边都摆着一张三条腿的桌子，搁着一个盆子用来盛呕吐物。通过测量罐子与盆中的液体可以了解患者流失体液的多少，补充相应的液体。

失去七八夸脱富含氯化钠和钾盐的体液，可能导致霍乱患者电解质失衡、休克，并在数小时内死亡。就是人们常说的“吃早饭时还好好的，晚饭时人就没了”。1968 年（距我初访孟加拉国还有将近十年），一队公共卫生官员找到了一种廉价且简便的治疗方法：给患者大量补充由清水、糖、盐、钾和碳酸氢钠（基本就是小苏打）组成的简单混合物。这种疗法的成本极低，哪怕在家都能做。[2] 这一配方将孟加拉国等国家的霍乱死亡率从高于 30% 降到了低于 1%。只要适当补液，这对青年夫妇的孩子基本能确保存活。

自四五十年前的初访以来，我几乎每年都会去孟加拉国。那个家庭激发了我一生的霍乱研究。我希望遏止这种古往今来在全球各地夺走数亿人生命的疾病。我自然地走向了研究传染病传播，气象模式和气候变化对传染病的影响以及利用人造卫星预测传染病的新领域。可说服同行和医学研究者，让他们相信自然界在霍乱暴发中的作用，却花了整整四分之一个世纪。随着事业的发展，我被尊为科学界的杰出管理者，但我女性科学家的身份时常被忽视。[3] 批评者公开驳斥我的研究，直到 20 多年后，它才被业界接受。我相信性别歧视可能是导致我的成果迟迟不被承认的一个原因。

以下是这个故事的原委。

••

19 世纪，霍乱在航运与铁路贸易线的推波助澜下，成为蔓延世界的瘟疫。这种疾病在卫生条件差的地区，会在人与人之间迅速传播。但没有人确切地知道它是如何传播的。

1854 年，霍乱肆虐西欧，意大利佛罗伦萨的医学生菲利波·帕西尼（Filippo Pacini）[4] 发现了霍乱的病因：霍乱弧菌（Vibrio cholerae），这种细菌会攻击肠道黏膜。同年，在伦敦霍乱暴发期间，医生约翰·斯诺（John Snow）[5] 绘制了该市霍乱死亡病例的点位图，发现许多死者生前都曾使用布罗德街水泵里的水，从而确定霍乱是一种水传播疾病。

19 世纪 70 年代，研究污水的权威专家爱德华·弗兰克兰（Edward Frankland）[6] 指出霍乱是污水或粪便污染水导致的。他还发明了水样中有机氮的检测方法，用于确定水中是否含有污染物。1883 年，经德国微生物学家罗伯特·科赫（Robert Koch）[7]证实，霍乱是通过被霍乱患者的粪便污染的食物或饮用水传播的。然而直到多年后的 1959 年，印度微生物学家桑布·纳特·德（Sambhu Nath De）才发现了霍乱弧菌具体的进攻路径：这种细菌附着在小肠壁上，产生一种强效毒素，使得肠道的水分和矿物质快速释出，导致患者的血量急剧下降，从而损害血液对身体的供氧能力。

但是霍乱暴发的时空可能相隔数英里、数月甚至数十年。连科赫也说不清楚霍乱弧菌在两轮疫情之间究竟藏在哪里。直至 20 世纪 50 年代，大多数霍乱研究者都笃定霍乱弧菌只能存活于健康人的肠道或受污染的食物和饮料中。若在肠道外，该细菌不出几天就会死亡，霍乱弧菌无法在自然界中生存。然而，这一论点与令人困惑的事实相违背：流行病学家在两轮疫情间找不到携带霍乱弧菌的健康人。

那么问题来了，在疫情平息后的间歇期，霍乱弧菌躲到哪里去了呢？多亏我早期在细菌学、遗传学、海洋学领域均受过培训——算是吃那么多次闭门羹的副产品——本人早已对学术权威祛魅，不惮于提出质疑。读海洋学研究生时，我有学习识别海洋细菌的经历。这给我寻找霍乱的藏身之处提供了三条有趣的线索。这是大多数医学研究者并不具备的优势。

第一条线索：鉴定海洋细菌有个简单的标准测试，即观察它们能否在盐水中生存和繁殖。我做的盐度实验虽然很粗糙，但我的确发现了从病患的粪便中分离出的霍乱弧菌需要盐才能生存。因此，它必定与海洋细菌有关。而且，我带的博士后研究员弗雷德·辛格尔顿（Fred Singleton）[8]后来也证实了，霍乱弧菌的细胞壁在无盐环境中会破裂。

分析弧菌所需的营养物则引出了更奇怪的问题，那便是第二条线索：我测试的所有弧菌——包括霍乱弧菌——都能分解甲壳质。甲壳质是一种聚合物，蛤蜊、牡蛎、贻贝、螃蟹、虾和许多昆虫的外壳、甲壳和外骨骼皆由这种物质组成。从逻辑上讲，以甲壳质为食的生物应该生活在富含甲壳质的环境中——人类的肠道并不属于这种环境。我不免感到疑惑："为什么一种人类的病原体能分解甲壳质呢？"

在实验室待了一整天后，第三条有趣的线索浮出水面。我又做了一项针对海洋细菌的标准测试：我关掉灯，让眼睛适应黑暗。我发现一些霍乱弧菌在黑暗中发出幽光。虽然微弱，但确凿无疑。许多海洋微生物都能发生物光……看来引发起霍乱大暴发的霍乱弧菌也是如此。

这三条线索——耐盐性、甲壳质、生物光——引导我得出了与前人截然不同的结论：霍乱弧菌在大暴发间隙的藏身地明确指向了水生环境，而非人类的肠道。

哲学家托马斯·库恩（Thomas S. Kuhn）[9]在《科学革命的结构》（*The Structure of Scientific Revolutions*）中写道，改变一个基本的科学假设往往需要经过一代人的努力。他提到 1918 年诺贝尔物理学奖得主马克斯·普朗克（Max Planck）[10]曾辛辣地调侃："新的科学真理发展顺利，靠的不是让对方心服口服，而是靠把对方耗死。"事后看来，我当初也该问问自己，作为女科学家，我能否在有生之年改变医学界对霍乱的理解。

••

1963 年，我离开加拿大去了乔治敦大学。不久后，我应邀在美国微生物学会华盛顿特区分会上就弧菌发表演讲，着重介绍在渥太华研究过的一种弧菌物种。演讲结束后，美国国立卫生研究院的科学家约翰·费利（John Feeley）提了个问题，竟就此改变了我的一生。

"你是弧菌专家，"费利说，"何不好好研究研究霍乱弧菌？"在那之前的两年，世界第七次霍乱大流行从印度尼西亚蔓延至欧洲西部，继而席卷世界各地。

"我没有拿临床菌株的权限。"我说。我在乔治敦的那间实验室并非为了进行潜在致命病原体实验而设计。它没有高端的生物安全柜，也没有封闭、通风的工作空间，以保护研究人员免受逃逸的病原体感染。况且，我的学生和员工都没受过有关处理流感病毒等传染微生物的高度严格的规程培训。

"问题不大，别把培养基喝了就行，"费利爽快地保证，"我送你一打单菌落。"

果真，费利马上寄来了一只特殊的罐子，里面有12根试管，装着从霍乱患者的肛拭子中分离出的霍乱弧菌。

菌种送到时，我还在忙别的，就先把罐子存进了实验室的冰箱，打算等配了新的培养基再把它取出来。过了一周，我抽空制备了富含营养的琼脂混合物，从冰箱里取出霍乱弧菌，把每根试管的弧菌划在琼脂上，再把培养皿放进培养箱，保持37摄氏度（98.6华氏度）。这是人体的正常体温，也是人类病原体的适宜生长温度。然后照例等上24小时，让弧菌长成菌落。

24小时过去了，什么都没长。过了48小时，依旧毫无动静。

我打电话给费利："你寄的霍乱弧菌来时就死了。"

"你是不是把它们放冰箱了？"他笑着说，"霍乱弧菌跟香蕉似的，一进冰箱就坏。我再给你寄一套。"

像香蕉？奇怪了，我心想。一个喜盐的细菌怎么会在低温下表现得像香蕉呢？毕竟在霍乱弧菌的自然环境中，它们必须经受冬季低温。这使我首次注意到霍乱弧菌在逆境生长条件下有些蹊跷。但彼时我还未能厘清这缕线索、构建起完整的假设，但足以让我考虑加入对疫情间歇期霍乱弧菌藏身之地的国际性追踪行动之中。

••

我小心翼翼地处理了费利慷慨相赠的第二批霍乱弧菌。我对细菌一向很痴迷，常常在显微镜下一看就是好几个小时。而用显微镜观察费利寄来的霍乱弧菌时，我发现这些细菌的行为跟典型的弧菌一样，先朝一个方向猛突，然后急刹车，再调头朝另一个方向射去。和其他弧菌一样，它们也在不停地扭动，身体随着鞭状尾巴的推动来回扭。（19 世纪，罗伯特·科赫把它们称作“逗号弧菌”——“逗号”是指它们弯曲的形状。）我检测了菌落，发现它们跟我在西雅图和渥太华从鱼类、贝类中分离出的弧菌具有相同的生化和生理特征。我想，如果它们的特性相同，那么致使人类生病的霍乱弧菌会不会跟自然环境中的其他弧菌有关呢，比如海洋弧菌？

我还发现，给这些细胞点上一滴无盐的蒸馏水，它们就会破裂，然后消失。这看似再正常不过的现象，对海洋微生物学家来说很要紧。根据我当时的知识，霍乱弧菌是一种海洋甲壳质消化者，可以回收贝壳和外骨骼的成分。这个过程属于自然界中碳氮循环的一部分，复合物或有机物由此被分解为二氧化碳和氮气，然后被别的生物捕获，如此循环往复。若非霍乱弧菌，地球的水生系统可能会被螃蟹、虾和其他生物的外壳堆满。

我不知道自己能否说服他人，即霍乱弧菌并非只能在人类肠道中生存，而是能够且的确存在于咸水和盐水中。为此，我必须准确指明霍乱弧菌的栖息地，并解释它们在水环境中的作用。它们的形态是否会改变？它们是如何生存的？为什么在显微镜下观察到的大量弧菌暴露在极低温度下后便不再生长？这些耐盐、能分解甲壳质、不时发光的细菌在我脑海中化为了一片片拼图。

••

科学研究的首要步骤通常是查阅已发表的文献，看看还有哪些有趣的问题待解决。互联网诞生之前，这项工作耗时且烦琐。好在我运气不赖——在我研究那会儿，世界卫生组织刚刚出版了罗伯特·伯力士（Robert Pollitzer）[11] 所著的长达 1019 页的《霍乱研究简编》，涵盖了公元 800 年以来的相关研究。我从中读到，医生和科学家在霍乱暴发间歇期到处寻找人类携带者和环境来源，从干净或受污染的港口、土壤、灰尘、布匹、皮革、橡胶、纸张、金属和烟草，到各种食物——洋葱、大蒜、谷物、肉类、鱼类、水果、葡萄酒、菊苣咖啡、牛奶咖啡……几乎翻了个底朝天。在查阅文献的过程中，我无意间发现了霍乱在暴发间歇期的藏身之地的第四条线索。它源自一位名叫弗朗西斯·阿德里亚·哈洛克（Frances Adelia Hallock）[12] 的 84 岁的科学家撰写的三篇鲜为人知的文章。

我从未见过弗朗西斯·哈洛克的样子——无论是她本人还是照片。她没有自己的实验室，靠着借来的实验场地和设备，花了 15 年才把研究发表出来。学界大佬们或许坚决不承认她是科学家。但读完这三篇论文，我已然了解弗朗西斯·哈洛克：这是一个聪明绝顶而又默默无闻的女性，是一个隐没的科研人。尽管她从不知道，但她确实帮我建立起了关于霍乱、气候变化和疾病传播的理论。

1876 年，哈洛克出生于西弗吉尼亚州。她在一所新英格兰女子学院获得学士学位。在几家短命的女校教了六年科学课后，她感到这活儿太没劲，因而放弃了，转教拉丁语。31 岁时，她参加了纽约亨特学院的招考，顺利成为那里的教师，学生是聪明的工人阶级女性。但她在那儿成不了科学家，也不会把学生培养成科学家。那个年代没有女性可做的研究工作。她只能把女生培养成技术员，将来可以到男医学博士们的公共卫生实验室里干活。哈洛克的这份工作坚持了37年，她在即将退休时写道："（我）执着于打造出最好的课……我成功了。往往有几百个学生排队候补上我这门课，政府把我的课程评为美国七大最佳课程之一……我欣喜若狂！学生们毕业后纷纷创造了奇迹，我以她们的成就为傲。"

她像个正儿八经的科学家一样，选了个重要的课题让学生研究：引发霍乱的细菌。她的教学实验室相当简陋：一台显微镜，一个本生灯，一些培养皿、试管，再加高压灭菌器的使用权限。哈洛克却在那里做了一些不同寻常的事。那个年代，几乎所有的霍乱研究者都会用显微镜观察弧菌24小时。哈洛克则和学生们连续六周，每天观察这些弧菌。由此，她们发现弧菌在圆形和逗号两种形状之间变换。然后哈洛克和学生用铅笔画出了显微镜下的画面。

其他人，包括我在内，经常看到不规则形状的弧菌，尤其是圆形的。但哈洛克能够确定这种变化并非偶然，因为她的学生年复一年地认真执行同样的实验，并且始终得到同样的结果。于是哈洛克认为圆形可能是弧菌生命周期中某个阶段的特征。

与此同时，全国的女子学院正在升级——主要手段是聘请高学历的男教职工，同时把女教师转移到家政系或安排提前退休。所以，估计亨特学院对哈洛克说了“要保住工作必须拿到博士学位”，她开始在巴纳德学院（哥伦比亚大学的女子学院）上夜校和周六课程，于 1919 年拿到了硕士学位。她被提为助理教授，但仍然不被当作科学家。哈洛克好不容易请了假，又读了约翰·霍普金斯大学的博士学位，并拿到了“Phi Beta Kappa”的荣誉会员资格。但即便受过国内最好的教育，她也没有资格在科学研究领域找到工作。她回到亨特学院，升为副教授，继续把女生培养成一个个实验室技术员。

1944 年，68 岁的她退休了，住在东 86 街 355 号一家没有电话线的寄宿公寓里，过着简朴的生活。同住的还有五名只上过八年级的房客。但最终，凭借纽约市的教师养老金，哈洛克终于可以自由地成为一名科学家。她继续研究霍乱弧菌，利用在亨特学院借的实验室重做了曾经教给学生的所有实验。她绘制插图，分析数据，得出结论，手写报告，打字，请求有经验的同行审阅手稿，然后进行修订。她在第一篇论文的开头写道：“弧菌的概念已存在了 75 年，需对此进行修订。”一个亨特学院出来的老妇说这话，口气着实不小。在这以前，她只写过一篇基于自己博士研究的植物学论文，而她针对霍乱的研究直到15年后才发表。

等到哈洛克重新做实验时，论文的发表标准已经变了：手绘图已经不符合要求。她得用显微镜，带摄像头的那种，生成符合发表标准的图像。没设备就无法生成可供发表的证据。好在哈洛克结识了纽约斯隆-凯特琳癌症研究中心的辐射成像主管克拉伦斯·霍尔特（Clarence R. Halter）博士——运气越来越好了。霍尔特把他的实验室的一部分借给哈洛克，两人好不容易拍出了发文章所需的照片。哈洛克的文章能够发表，甚至可能就是霍尔特推荐的。因为我读到的三篇论文都是在1959年和1960年发表在《美国微观学会汇刊》上的。只可惜这本杂志的目标受众是对显微镜感兴趣的人，霍乱科学家几乎读不到哈洛克的文章。祸不单行，它们刚好晚了几个月发表，因此没被收录进世界卫生组织的“霍乱研究宝典”中——当然，这么讲的前提是他们愿意收录来自非知名学术机构的女性的研究成果。

哈洛克还想发表更多研究成果，但霍尔特在1961年2月退休了，他的实验室也跟着关了。在小小的荣退仪式上，霍尔特“戴着一朵康乃馨”，收获了一只八英寸的纯银碗和一次握手。哈洛克则无法再用实验室。19年后，她在长岛的一家长老会养老院与世长辞，享年103岁。

• •

我对哈洛克的研究深感着迷。这些结果切实可信，因为它们是通过长期的细致研究得来的。她还提出了霍乱弧菌的“生命周期”，这个概念与我此前逐步建立的猜想不谋而合。假如哈洛克的论文在主流期刊发表过，没准自然界中霍乱的行为特征早在二三十年前就有人研究了——我也就不必打那么多次仗来证明我的理论。

从 1963 年起，我跟乔治敦大学微生物学系主任乔治·查普曼合作，试图揭秘霍乱弧菌及其形状变化的细节。我们把弧菌切成极薄的片，用他的电子显微镜观察内部细胞结构，在此基础上合作发表了几篇论文。我知道关于细菌生命周期中各阶段的概念可能会引发争议，“专家们”大多把圆形弧菌视为已死或垂死的细胞。更重要的是，我“一介女流”，在这座耶稣会男校做初级教员，该校生物学部门的微生物研究也才刚起步。不过，查普曼和我制得的电子显微照片确实给出了实质性的证据，证实了如果在特定环境条件下阻止霍乱弧菌生长和繁殖，它们可能会进入休眠状态以求生存。

彼时，我还不晓得自己对霍乱弧菌的认识意味着什么，但有一点能肯定，即我们手头有最先进的研究工具：计算机，还有可能是当时全美最好的电子显微镜实验室。此外，我们还有用于研究 DNA 的超级离心机和其他先进设备，一个跨学科和种族多元化的团队，以及可进行 DNA 分析的新兴算力。而且，1966 年，就在我初任教员满两年时，我收到了一份令人艳羡的邀请，参加了一场为期四天的特别研讨会，与会嘉宾仅限全球范围内的 25 名海洋微生物学家。

会场设在新泽西州普林斯顿的一座酒店。[13] 斯克里普斯海洋研究所的克劳德·佐贝尔（Claude E. ZoBell）教授以一则阿拉伯酋长与他后宫的下流笑话拉开了研讨会的序幕。佐贝尔是海洋学先驱，1932 年加入研究所，不适应有女性科学家参与的会议。几十年后，该研究所才允许女性海洋学家参与隔夜的研究巡航。而佐贝尔在该机构带的 19 名研究生和博士后中只有一位女性。我是此次参会的唯二女性之一，另一位是卡罗尔·利奇菲尔德（Carol D. Litchfield），专攻海洋与高盐环境微生物学，我俩后来成了毕生挚友。会场中还有一位女性，斯旺森女士。她是“速记员”，负责逐字记录会议内容。

这次会议由美国国家宇航局主办，意欲为 1969 年的登月计划作准备。他们担心宇航员此行或将带回威胁地球安全的微生物，也对科学家此前给的专业建议有所不满。具体说来，他们抱怨生物学家们的研究彼此孤立：各自围绕一种方法、一种技术或一种观点开展研究，还盲目坚守自个儿的看法。宇航局希望生物学界能来一场变革，科学家们能在精通计算机的大型跨学科团队中共同努力。我认同这个观点。

轮到我进行小组发言时，我介绍自己的目标是研究海洋细菌、它们的基因以及它们与栖息地的关系。为此，我把微生物学与海洋学、遗传学、数学和概率论相结合，甚至为我所做的事情创造了一个术语——多相分类学（polyphasic taxonomy），我希望这能激励微生物学家们停止争论哪种方法最好，而是利用所有可用的工具和技术。

如今重读斯旺森女士当年整理的逐字文稿，我对当时 31 岁的自己感到好笑：这人是多不懂人情世故啊——我连珠炮似的提问在场的专家，主张科学的精确性和测量的严谨性："麦克劳德博士，请问一下，您的具体实验步骤是怎样的？""您说的'快速'具体指的是？"

"您如何界定假单胞菌——您确定吗？"我问另一位研究者。他回答："我只是假设它们是假单胞菌型。"我不依不饶地提醒："那我认为您最好别用假单胞菌这个词。"诸如此类。

不过，这次会议为大量喜闻乐见的资金流打下了基础。国家科学基金会和海军研究办公室的代表均出席了会议，此后，这两个机构持续资助我的实验室长达 15

年。他们并不特别关心霍乱，但都是新技术和新科研方法的拥趸。事实证明，他们对我实验室的稳定支持十分关键，因为我还需要花费数年来说服同行，即池塘、河流和海水等自然水域中的霍乱弧菌可能会引起霍乱流行。

但是，要想确定霍乱弧菌在暴发间歇期是如何生存的，我必须先搞清楚这种细菌是如何在水环境中整年存活的。

••

科研上的重大突破往往不是靠某个人灵光一现，而是要靠科学家们逐步找出证据，随着研究的进行，在演讲与刊物中公布每一步，进而推动研究的深入。我的下一步是证明从霍乱患者身上分离出的霍乱弧菌与自然界中发现的霍乱弧菌属于同一物种。我的第一位研究生罗纳德·西塔雷拉（Ronald V. Citarella）进行的一项 DNA 研究[14]和我测算物种间进化距离的计算机程序[15]推出的结果一致，这表明这两种细菌高度相似。它们绝对是同一物种。

霍乱腹泻患者的粪便中通常包含不同的霍乱弧菌菌株。当时，我们已经搞清楚了引起霍乱暴发的菌株以及霍乱高发地区地表水中常见的其他霍乱菌株。后者的存在引发了一个问题：环境中的弧菌是否会导致霍乱？其他科研人员很难接受这一可能性，理查德·芬克尔斯坦这样的医学科学家提出了反对。芬克尔斯坦是密苏里大学医学院的霍乱研究员，也是我的批评者之一（第三章提到过，他曾在 1984 年作为非提名候选人与我竞争美国微生物学会主席）。他告诉我，他的博导曾经教过，霍乱只有一种病因，且这个病只会人传人，他将坚持这两个观点。

我与芬克尔斯坦的争论说明了“两种文化问题”，而这正是临床医生和我这样的科学家无法合作的原因。美国国立卫生研究院前院长哈罗德·瓦姆斯（Harold E. Varmus）[16] 曾指出，医学临床医生和科学家的关注点不同，双方的目标与数据标准都不一样。临床医生需要尽快搞清楚病人的问题，找到治疗方案。科学家则要测试和质疑一切，找出根本的真相。医学院教出来的弧菌专家几乎都被灌输了一种理念：霍乱弧菌会致病，且这种病只会人传人，与环境无关。对于霍乱来源的异见加剧了临床医生和科学家持续数十年的敌意。

尽管我和芬克尔斯坦有诸多不同，我俩倒也不乏共同点：我们都不属于霍乱研究的“专业组”成员。芬克尔斯坦虽在医学院任教，但他不是医学博士，我也不是。那个国际小组牵头办的重要霍乱会议从不邀请我俩参加。他们的组员全是男的，且以医学为导向。而我做的是微生物生态学、系统学和进化方面的研究。芬克尔斯坦被排除在外的原因大概率是他粗犷的性格。《霍乱：美国科学经验，1947—1980》(*Cholera: The American Scientific Experience, 1947—1980*)的作者写道："芬克尔斯坦年轻时非常有能力，但过于自信，或许这一点让久负盛名的前辈们感到疲惫。"[17] 认识芬克尔斯坦的人估计也认同这一点。

性别歧视阻碍了我挑战芬克尔斯坦和男性医学家广泛接受的"真理"。在 20 世纪 60 年代到 70 年代，霍乱研究者几乎全是男性，其中许多人是在几乎全男性的院校上的学。这样的环境让他们将女性视为"劣等人"。当时，美国仍有 60 所医学院使用同一本妇科教材，里面对女性的描述是"阴柔，女性化"或"霸道、苛刻、男性化、攻击性或被动"。[18] 该书 1973 年的版本写着：女性人格的核心是自恋、受虐和被动……(女性对服饰、个人形象和美貌感兴趣。)医学研究本身如此由男性主导，以至于美国国立卫生研究院资助的乳腺癌、衰老、心脏病发作和中风等一系列重要临床研究招募的试验对象全是男性，其他实验动物的性别情况更是如此。[19] 另外，美国国立卫生研究院的兽医有近 40 名，而妇产科医生仅三人。因此，研究霍乱的医生对我这个不知从哪儿冒出来的女科学家的新观点不屑一顾，也就不足为奇了。

是无视批评者，还是汇编足够的数据来说服他们？我只能二选一。没有同事帮我，男女都没有。要推翻医学界根深蒂固的观念，我只能靠自己。

我是个天生的倔脾气，最终决心靠自己收集数据，发论文，证明这个假设。每次被拒都是在给下一组实验指路。尽管这么讲挺反直觉，但我向来认为科学、技术、工程、数学和医学（Science，Technology，Engineering，Math& Medicine，缩写为 STEMM）研究领域很适合弱势群体，无论男女，也无论是白人、非裔美国人、拉丁裔还是美洲原住民。因为做科研就是跟逆境抗争。

••

我不知道霍乱弧菌在两波暴发期之间藏在哪里，但肯定在某个水环境中。然而这个范围太宽泛了，海洋、海湾、潮汐三角洲、河流、湖泊、池塘和沼泽都是水环境。通过实验，我得知基本上所有种类的弧菌都对盐有反应，每种弧菌都有其偏好的盐度。霍乱弧菌似乎更喜欢微咸的河口，潮汐带来的咸水与淡水河流在此交汇。

得益于所处的地理位置，我能够对此展开深入的研究。乔治敦大学、马里兰大学都位于切萨皮克湾，这个北美最大的河口是一个庞大的开放水域和沼泽系统，一端由淡水河流供水，另一端则来自大西洋的海潮。巴尔的摩是这一带最大的城市，曾在19世纪几度遭受霍乱肆虐。所以从1963年开始，我的实验室延伸到了切萨皮克湾。

在研究的早期阶段，我和我的技术员贝蒂·洛夫莱斯在切萨皮克湾发现了与牡蛎和桡足类动物有关的弧菌。桡足类动物是一种米粒大小的小型甲壳动物，却是地球上数量规模最庞大的动物。它属于浮游生物，这种生物包括漂浮在海水表层的微小动物（浮游动物）和植物（浮游植物）。大量鱼类以这些浮游动物为食，而浮游植物产生的氧气比地球上所有森林和草原产生的加起来还要多。

1968年的一天，一位日本小伙子出现在我乔治敦大学办公室的门口。[20] 我的办公室太小太不起眼，只能摆下一套桌椅和一个书架。“我来和考威尔博士一起工作，”他礼貌地告知我，“我可以见见考威尔博士吗？”

“我就是考威尔博士。”我说。他显然一脸惊讶。他是一位研究生，刚毕业，名叫金子达雄（Kaneko Tatsuo）。我俩此前通过信。但据他后来所说，自己压根儿没想到未来的导师是个女教授。金子达雄前来研究霍乱的致命近亲——副溶血性弧菌。这种弧菌最初是从日本患者体内提取的。这些患者食用了半熟的幼年沙丁鱼，感染了严重（甚至致命）的肠胃炎。我当时刚从切萨皮克湾采集的水样中分离出了这种弧菌，这是首次在日本境外检测出该物种。如今，副溶血性弧菌仍是美国鱼类和贝类食物中毒的主要来源。

达雄的博士论文课题是通过从切萨皮克湾的各处水域采集水和沉积物样本，重点研究副溶血性弧菌的生态学。我用研究经费资助他参加了约翰·霍普金斯大学研究船巡航项目，该船配备有先进的仪器和采样设备。冬季，达雄从切萨皮克泥泞的水底分离出弧菌。到了夏季，天气转暖，达雄则从水中的浮游动物中分离弧菌。通过研究弧菌和浮游动物的季节性周期，他提供了一个重大突破，有力地证实了孟加拉地区的霍乱暴发或与当地浮游动物的季节循环有关。

达雄还在马里兰州东部的贝类中发现了副溶血性弧菌，意外招致了实验室的经费危机。[21] 螃蟹是该州的食品供应与经济支柱，因此这个发现掀起了轩然大波。1970 年 8 月 29 日，《华盛顿邮报》刊登了题为“细菌感染湾区海鲜”的报道，颇为耸动。早期曾有一家与商业渔业密切相关的联邦机构每年赞助我们实验室 23500 美元。结果那天一早，我还没来得及出家门从车道上拾起报纸，就接到了那家机构的代表打来的电话。对方把这项拨款取消了，因为这篇报道对当地渔业不利。虽然这笔钱不算多，但我震惊于他们上纲上线的态度。不过这事儿的结果不坏。不久后，我在一场重要科学会议上将达雄的研究作了汇报，美国国家海洋和大气管理局的代表建议我申请他们的经费。我照做了，于是他们给我拨款 25 万美元，大约相当于今天的 160 万美元。

至此，我的脑海中逐渐形成了一个想法：霍乱弧菌是否有类似冬眠的机制，冬季先躲在泥泞的河床，等天气转暖再冒头？这个猜想在当时难以验证，遑论形成完整的理论。但这又是一条线索——就像冷藏香蕉、盐度测试、甲壳质消化者和弗朗西斯·哈洛克的圆形细胞——或许将在某一天织出网来。我们正一步步取得进展。

••

加入马里兰大学几年后，我于 1972 年拥有了一间规模较大的实验室，有 25 到 40 名研究生、博士后和访问学者。这所研究型重点大学有一群温暖、支持我的学者，为我的研究提供了非凡的（跨学科的）推动。我作为微生物学系（而非普通生物学系）的一分子，感受到这个志同道合的社群真的能起到催化作用。很快，我开始研究石油降解、深海压力对细菌本身的影响，对于其汞抗性和代谢的影响，研究范围当然还包括桡足类和弧菌。

在实验室，大家合作开展研究，常常并肩作战，夜以继日。在我们的实验室扩容前，一些学生轮班作业，一人离开时清理工作台，好让下一位学生在后半夜接着干。我也忙得不再有时间手把手指导每位学生。和我一起从乔治敦过来的技术员简妮·罗宾逊向新来的同学传授实验室的规矩。在我们那儿，一位资深博士后研究员负责日常管理，其他博士后们负责教研究生基础的微生物学技术。新学生选定研究方向前可以跟大家交流，可以尽可能地畅想。如果新生想研究的课题没人做过，我会替他们写请款书。我喜欢和学生们一起工作，确保他们有适当的方法和工具，帮助他们分析、解读数据，并将结果与更大的图景相联系。一旦更先进的技术与设备问世（比如新型分光光度计、离心机、气相色谱仪），我都会设法弄到手，以便得出更精确的数据或能解决新问题。凭借多达 200 多万美元（大约相当于现在的 600 万美元）的联邦拨款，我可以给学生发津贴、发差旅费、付研究船的费用以及买最前沿的设备。由于我还在各种国家和国际研究小组中任职，总能结识有意合作的研究人员，比如日本东京大学海洋研究所的小谷和弘

（Kazuhiro Kogure），以及意大利热那亚大学的卡拉·普鲁佐（Carla Pruzzo），她在研究气候变化对致病性弧菌的影响方面取得了发现。还有来自马赛的米其林·比安奇（Micheline Bianchi）、来自布雷斯特的莫妮卡·彭姆普伊（Monique Pommepuis）与多米尼克·赫维奥·希思（Dominique Hervio Heath）、来自蒙彼利埃的帕特里克·蒙福特（Patrick Monfort）等多位法国同行，他们合作发现了环境中的弧菌。多年来，我有幸担任许多优秀博士生的导师，他们都在学术界、政府实验室、工业界、投资界，甚至在葡萄酒酿造和艺术投资领域发光发热。他们中有四人当选为美国国家科学院院士，包括现任华盛顿大学海洋学教授乔迪·德明（Jody Deming）。乔迪和另一位研究生保罗·泰勒（Paul Tabor）在对从海洋最深处分离的嗜压菌的研究方面作出了杰出贡献。

简言之，到20世纪70年代中期，我有充分的理由相信我已在学术界攀得够高，远远甩开了那些轻视我的男性。那段时光忙碌但辉煌。诚然，我的研究领域不算热门，不过如此一来，我的竞争对手也不多，大可以自由开辟新路。我逐渐确信弧菌的确是野生的环境细菌——这是一种颇具启发性的看世界的角度。我为自己和学生们所从事的研究感到欣喜，我们为与人类健康相关的科学知识作出了贡献。

• •

1975年初，一位留着长发，穿着短裤和人字拖的男生敲开我的办公室，想跟着我读研究生，并在我的实验室工作。此人名叫詹姆斯·卡珀（James B. Kaper）[22]，在当地一家歌剧院做木工和舞台技术员。照简历来看，他的本科成绩不算好。但他在我的微生物系统学课程上非常用功，拿了全班第一，所以我知道他很聪明，他也很有决心。

卡珀把达雄的工作继续推进了几步。达雄只研究了切萨皮克湾的几处地方，卡珀则研究了整个海湾沿线，而且他专注研究霍乱。他从切萨皮克湾采集了65份水样、沉积物和贝类样本，判断里面有霍乱弧菌。回到实验室后，他证实了样本中的确存在霍乱弧菌。其中，在海湾中段发现的霍乱弧菌数量最多，那里混合了来自大西洋的中度咸水和河流淡水。夏季，他在桡足类浮游动物身上发现了霍乱弧菌。到了冬季，他发现这些细菌继续附着在桡足类动物身上，跟随它们钻进了海湾泥泞的沉积物。面对霍乱传播方式的主流质疑，卡珀也找到了关键证据。他发现大多数霍乱弧菌存在于没有被粪便污染的水中，表明弧菌并非通过污水或患者的粪便进入切萨皮克湾。

如前所述，巴尔的摩地区在19世纪暴发过多轮霍乱，但我们仍无法断言它们是不是由环境中的霍乱弧菌导致的。DNA分析表明，我们从切萨皮克湾分离得来的环境弧菌可能引起霍乱，但一位专家告诉我，他不能确定我们送来检测的分离株样本是否产生了霍乱毒素。（这位专家后来承认自己是因为不想卷入争议，所以拒绝证实。）因此，我们1977年10月28日发表在《科学》杂志上的那篇文章只能宣布卡珀在切萨皮克湾发现了霍乱弧菌，并且这一发现引发了“许多问题，有些非常令人不安”，我们也只能含混不清地说这些弧菌“偶尔会导致霍乱腹泻，但无法认定其为导致严重的流行病的源头”。

卡珀在切萨皮克湾发现霍乱弧菌一事严重地割裂了霍乱研究界。我们如同在炼狱中做研究、提交论文、在会议上发言、发文章。尽管很难，但也有许多弧菌学家认同我的观点，即霍乱弧菌存在于世界各地的自然环境中，比如孟加拉湾、切萨皮克湾等河口地带。医学界的一些人对此态度极其消极，他们坚信霍乱是一种人类疾病。霍乱没流行的时候，切萨皮克湾会有霍乱弧菌？荒谬！霍乱微生物学领域的分歧如此之大，[23]以至于被视作细菌分类学圣经的《伯吉氏系统细菌学手册》的长期主编约翰·霍尔特（John G. Holt）表示，他找不到中立的专家能给新版手册撰写有关弧菌的文章。我因为太有争议而无人问津。

••

我经常被人取笑。[24] 有一回在魁北克市开会，会程包含一次游览活动。作为组织者之一，主办方催我加快进度，我便催促说："大伙儿抓紧上车吧。"一个很威严的英国人随即接话道："哟，有个小美女带队了！"卡珀记得我们有一回在拉斯维加斯开一场重要的会，疾病控制与预防中心的某个著名发言人喝醉了，粗声粗气地嚷嚷起来。"再吵我都能演讲，"他含混不清地吹嘘，"丽塔呢？那个小姑娘行吗？"我亲自听到侮辱性的话已经够难受了，结果连我的学生也要听这些？这实在太让我难受了。

不光是我实验室的，还有别的研究生，只要找了女导师，都有可能遭到戏弄。我的一个学生作报告时，一个微生物生态学热门教材的作者从头到尾都在跟别人窃窃私语，说些贬损的话——正如多年前，在我发言时插嘴的伯克利教授那样傲慢无礼。理查德·芬克尔斯坦依旧经常批评我们。有个学生还记得芬克尔斯坦在公开场合告诉他，想拿博士学位，得换个论文选题。我的长期合作伙伴兼我未来的实验室经理安瓦尔·胡克（Anwar Huq）[25] 记得，有一次我在美国国立卫生研究院的会议上发言，芬克尔斯坦插话说：“妈呀，被你说的，我感觉弧菌已经进你家后院了。”

“那儿还没检测过。”我回击道。

同行们的正经批评虽然刺耳，但有用，往往能指出我下一步需要解决的问题。一次，胡克在会上作完报告，有人问他：“你怎么知道孟加拉湾和切萨皮克湾的弧菌行为完全一致？”我当时就坐在会场后排，立即起身说道：“安瓦尔，迪克说得对。咱去孟加拉湾查一查。”如此这般之后，胡克采集的证据表明，无论是在孟加拉湾还是切萨皮克湾，弧菌都与桡足动物相关，并且包括桡足类在内的浮游生物的年周期与水中弧菌丰度的季节性峰值一致。而这些峰值又与我们考察过的孟加拉地区的村庄暴发霍乱的时段相吻合。由此证明，霍乱弧菌确实是一种全球性的水生病原体。

直到今天，我仍然认为假如我是男的，我或我的学生都不会受到那样的蔑视。每每被问及我哪来的时间竟发表了800多篇论文时，我就会告诉他们：我别无选择——身为女人，我只有把我的发现足足证明20次，才能让它们被认真对待。证明，证明，证明——你必须一直一直逆流而上。对抗久了，这种情绪的确会一直附着在我身上，让人疲惫不已。每当开完那样的会，我总不免带着愤怒和怨恨回家。我的丈夫杰克要么会说“别理他们，这样好受些”，要么会听我发泄，然后指出同行们的攻击中的谬误和卑劣，给出合乎逻辑的反驳。然后，我俩会趁周末去开帆船。有了孩子、强风和满帆，世界又变得可爱了起来。

那时每逢周末，我俩几乎都会在帆船比赛中奋力拼搏。我们的帆船长达 17 英尺。杰克是船长，负责指挥。我做他的船员，常常浑身湿透，扬起大三角帆，在急转弯时操纵前帆赶超对手。一次在马萨诸塞州比赛时，我们在可怕的风暴中行进——大雨倾盆而下，风速达到 30 节，杰克不停地喊着：“升主帆，调前帆！”要保持大三角帆鼓满，必须紧紧盯着帆，根据风向不断调整。等我们终于绕过标志航点，可以降下主帆时，我才回头看，竟然发现一半的船只翻覆了。“所以我才没让你回头！”他咧开嘴笑着说。杰克一直搞不懂，我为何永远不敢踩在栏杆上，把身子往外探。[26] 我就是那样：身为海洋微生物学家，却依旧会在风速达到 25 节，戗风猛烈调向时感到胆战心惊。但我坚持了下来。他知道我真的很想赢——也很想和他在一起。

1976 年，我首次前往孟加拉国进行实地考察，决心在当地自然环境中研究霍乱弧菌，并获取新的分离株带回实验室。我知道这个任务不容易。孟加拉国的水情不断地变化：一年四季，喜马拉雅山脉的融雪汇入尼泊尔和印度严重污染的河流而后奔流而下；来自孟加拉湾的咸潮涌入；季风酿就的暴雨淹没陆地，搅动河流、池塘和湿地底部的淤泥；水温和水位则随着洋流、潮汐和季节的变化涨跌起伏。而我的野外实验室相当简陋：一台显微镜、一只小型培养箱、一盏给接种针消毒的酒精灯以及一个给培养基消毒的压力锅。

在那次实地考察几年后，我又去了一趟孟加拉国，从约翰·霍普金斯大学医学院的医生威廉·“巴克”·格里诺（William “Buck” Greenough）[27]那里听说了某种了不起的奶牛。格里诺曾参与研发了本章开头提到的霍乱患者的救命口服补液疗法。他告诉我，1963 年，人们发现这些了不起的奶牛从来不得霍乱，具有这种病的抗体。既然产生了抗体，就说明奶牛肯定在哪里接触过霍乱弧菌。我确信奶牛在河口草地吃草、喝淡咸水时接触了弧菌。“咱去查查吧。”我提议道。多年后，格里诺还记得我俩穿着靴子采水样的场景。

我们回到野外实验室，透过一台专门用于观察荧光物体的显微镜看到了明亮发光的杆状弧菌。不多，但是有！此前，我在马里兰的团队在兔子身上培育出了一种霍乱抗体，然后将其与一种能在紫外显微镜下发光的分子进行了化学连接。抗体是生物体内产生的一种蛋白质，会跟细菌细胞等特定的外来异物发生反应。把抗体跟在紫外线下会发光的化合物连接，研究人员便可在紫外显微镜下看到原水样本中的细菌。被荧光抗体包裹的弧菌看上去就像发光的逗号。我们真的看到了栖息在孟加拉国河口的霍乱弧菌！这么多年过去了，格里诺还记得我俩当时有多么兴奋。批评者们说环境水样中不可能检测得出霍乱弧菌——但我们检测到了。不过格里诺认为我们很难说服怀疑者。

回去之后，我把这些照片做成幻灯片，用20世纪80年代的视听设备在讲堂中展示。弧菌在深色背景中看上去就像绿色的雪花。任何怀疑者都可以说“它们不是真正的霍乱弧菌”。但凡这些批评者能够亲自从环境中分离出野生的霍乱弧菌，并在自己的实验室用试管或培养皿培养一下，他们就会买账。但科学界的正统观点是：只要是无法在实验室培养的细菌就不是活的细菌，它就是死的。微生物学家知道怎样从患者的粪便样本或直肠拭子中分离和培养霍乱弧菌，但对于这种细菌在野外的存在形态还不够了解，无法将它们从自然栖息地带到实验室里培育。

在科学研究中，可复制性是成功的关键。若能分享数据并在实验中重现关键观察结果，就能确定我们的发现是对的。我们的实验室毫无保留，发布了所有的研究结果，而且一直开放访问。我们的实验室俨然一个小联合国，我们这儿的科学家来自世界各地。但伍兹霍尔研究站、斯克里普斯海洋研究所，甚至是我初出茅庐时所在的华盛顿大学都没有人前来访问。如果国内顶尖机构的研究人员不参与我们的实验，我们就很难说服一众微生物学家接受我们的发现。

我们还得回答关于寒冷天气的大问题。为什么在温暖的天气里，能从切萨皮克湾、孟加拉湾的水样中发现大量附着在桡足类宿主上的霍乱弧菌，冷水样本中却找不到呢？怀疑者说，霍乱弧菌在冬季会得病、奄奄一息或死去。但我们知道它们的细胞完好地附着在躲进沉积物中“越冬”的桡足类动物身上。此外，如果弧菌死了，它们怎么一到夏季就能卷土重来呢？冬季采集的沉积物样本中能够检测出弧菌，却无法用常规方法让它们在实验室中生长，这真叫人沮丧。

至此，我猜想会不会有哪种细菌看似死亡，也没法在实验室里生长，但其实它还活着，而且会致病。这个猜想有违我们当时的所有经验。学界公认只有处于孢子阶段的细菌才能休眠，这个我们在本科就学过。也就是说，不会产生孢子的细菌不能休眠。我们还学过，在实验室中没法生长的病原体要么已经死了，要么正在死去。

但我渐渐觉得，霍乱弧菌肯定跟它们的桡足类宿主一块儿潜伏在沉积物里，这是它们过冬的生存机制。它们只是看起来死了：变得圆圆的、瘪瘪的、小小的。把它们带到实验室，用常规的实验室食物喂养时，它们就不再生长繁殖。于是我想，假如条件更适宜，它们会不会复苏、生长、繁殖，恢复致病性？我知道这个假设与业内公认的经验相悖，因此我必须谨慎行事，清楚地记录每个步骤。

••

到这里，我们依然不清楚霍乱弧菌休眠的具体成因。在搞清楚这个问题之前，我们还得开发一种测试方法，好让我们——和批评者们——找到在野外处于休眠阶段的霍乱弧菌。我实验室的研究生和博士后花了五年时间，终于成功了。随后，中国来的访问学者徐怀恕改良了这个方法，使其更适用于野外作业。

我们发明的新方法首次派上大用场，缘起于尼尔·罗伯茨（Nell Roberts）的一通来电。她自称是路易斯安那州公共卫生部门的实验室技术员和讲师。“考威尔博士，我这些年一直在关注您的研究，”她说，“我想请您来这儿的河口测一下霍乱弧菌。我们州有一些霍乱病例，我大概知道它们是从哪儿来的。”

自 1914 年起，美国几乎没有霍乱病例。[28] 但当时突然有 11 位捕蟹人在墨西哥湾一带野餐后确诊了霍乱，正在住院治疗。罗伯茨得知这些渔民的野餐地点在路易斯安那州查尔斯湖的一处河口，并且她确信那里的微咸水中有野生的致病霍乱弧菌。她希望我去路易斯安那州查一查。我答应了，和徐怀恕一同飞赴当地。

我们三人开车去了那个河口，采了水样，然后回到罗伯茨的实验室，把样本滴到载玻片上，再加入我们特制的荧光抗体，这种抗体只能附着在霍乱弧菌身上。荧光显微镜的视域一经调整，不可思议的一幕发生了——科赫所说的霍乱弧菌“逗号”状的细胞轮廓立马清晰地显现在我们眼前。与荧光抗体反应后，它们看起来就像亮闪闪的小绿星星。批评者曾说，自然水域中发现的霍乱弧菌肯定都是死的或者快死了，但这些弧菌显然完好无损而且活得好好的。在其中一些弧菌的身上甚至能看到鞭毛，它们正是靠这种丝状附属物在水里游弋。美国的河口有致病的霍乱弧菌！我们欢呼雀跃，在实验室里大喊大叫，又蹦又跳。“我就说有吧！”尼尔·罗伯茨反反复复地说着，“我就知道有的！”

这当然算不上最伟大的科学发现，但这一刻于我而言就是超然的。我们似乎窥探到了驱动着大自然的引擎的一角。这下有了强有力的证据，证明极有可能就是河口的霍乱弧菌使捕蟹人得的病。很快，其他科学家纷纷在世界各地的微咸水域发现了霍乱弧菌，进一步证实了我们的发现。

我们在 1982 年写了关于路易斯安那州捕蟹人的论文，[29] 这场持续十年的争议本该就此终结，可是并没有。为了改变学界的成见，我明白这一成果必须发在同行评审的期刊上才行。不一定非要发在最有名的期刊上，只要先发了就行。之后就可以写一篇论文投到主流期刊上，把这个研究成果放进论文的背景介绍当中。我把论文提交给同行塞缪尔·约瑟夫（Samuel W. Joseph），他是新期刊《微生物生态学》的客座编辑。[30] 他认同我们的研究，在编者按里指出："越来越多的证据表明，人类的新兴疾病是由环境中无处不在的生物体导致的。"生态学和医学总算结合到了一起。

••

我们已经证明了致病的霍乱弧菌可以从环境中分离出来，但我假设的一个关键部分仍然无法证明，即在某些条件下，环境中的霍乱弧菌会进入休眠状态，然后复苏。我的博士生达琳·罗萨克（Darlene Roszak）[31] 同意从分子层面上研究这个问题。罗萨克以 30 多岁的寡妇身份带着四个孩子获得了学士学位。之后，她与越战老兵迈克·麦克唐纳（Mike MacDonell）再婚。迈克以她的事业为骄傲，十分支持，也来跟她一块儿读博。

罗萨克先把环境中的霍乱弧菌保存在低温下，直到它们停止生长。然后，她将它们暴露在用放射性同位素标记的氨基酸中，这样就可以轻松监测到弧菌释放了多少放射性二氧化碳。接着，她向这些细菌中添加了萘啶酸，再用显微镜观察其效果。这种抗生素可以防止细胞分裂，但不影响代谢。她看到弧菌不断变长——只有活的细胞才能做到这一点。接下来就是最激动人心的时刻——罗萨克把这一系列实验串联起来，用放射性标记过的氨基酸标记这些细胞，加上萘啶酸，再把它们放在感光乳剂胶片上。随着细菌代谢，它们越变越大、越变越长，并释放放射性二氧化碳，这相当于它们不停地拍下自己的影像——就像科研界的自拍照。

罗萨克的实验表明，一旦细胞处于寒冷环境，就不会在实验室中繁殖。但它们并没有死，而是进入了停滞状态，就像怠速的发动机：汽车没在开，却也没熄火——发动机只是在不停地转动，保持着机械运转。对于霍乱弧菌而言，这种细菌会进入休眠状态，等新的营养物质到达，细胞便重新启动复制。我们称这种现象为“存活但不可培养”（Viable but Not Culturable），简称为 VBNC 假说。老样子，经过一番激烈的争论，达琳·罗萨克关于这一课题的论文成为经典之作。微生物学家们承认自然界中的细菌比他们所想的多得多。所有这些年，他们一直在研究环境中1%或更少的细菌：我们称之为“实验室杂草”，因为它们在实验室里很好长。

我们和其他实验室的一系列研究表明，VBNC假说是正确的。[32]在困难环境条件下，霍乱弧菌和许多其他不产生孢子的细菌会在微咸水中休眠，待环境好转，它们就会复苏。而摄入这些细菌就可能致病。1985年，我实验室的学生查尔斯·萨默维尔（Charles Somerville）和艾弗·奈特（Ivor T. Knight）使用当时刚刚发布的聚合酶链式反应方法证实环境中的霍乱弧菌可能携带产毒基因，此基因与引起流行病的菌株相关。

马里兰大学医学院杰出的科学家、医生迈克·莱文（Mike Levine）[33]也是我的好朋友。他答应同我合作一项临床试验。该试验由志愿者自愿摄入少量休眠状态下的较弱致病菌株的霍乱细胞。一名志愿者出现轻微腹泻，其他志愿者的粪便中检测出减弱但具有流行性的霍乱细胞。此后，其他研究者陆续证实还有50多种病原性细菌，[34]包括结核分枝杆菌、大肠杆菌和幽门螺杆菌，以及军团杆菌、沙门氏菌、志贺氏菌、弯曲杆菌和衣原体等在内，在食物不足、抗生素、极高或极低温度、脱水、碳或氮饥饿、重金属、白光辐照或紫外线等压力作用下会进入VBNC状态。另外，随着宏基因组学（即在从环境中直接采集的样品中研究所有微生物的学科）的出现，每个人都找起了“不可培养”物种，即那些难以或无法在实验室中培养的物种。

1996 年，为了写一篇讲话稿，我特意数了数业界关于 VBNC 休眠理论的微生物学论文篇数。[35] 此时离我创造“VBNC”一词已过去十多年，而离我的博导约翰·利斯顿、加拿大微生物学家诺曼·吉本斯（Norman Gibbons）这两位力挺我的男士帮我绕过反裙带关系规则，让我继续从事弧菌的研究业已过了四分之一个世纪。我惊讶地看到 VBNC 相关论文竟然已有数百篇。虽然医学界对此持敌对态度，但研究范式已经在我的脚下悄然发生变化。整个历程中并不存在所谓的“顿悟时刻”，靠的是一个个实验让部分人改观，直至主流观点慢慢转变。到 2015 年，关于 VBNC 的已发表论文已经有 600 多篇。在这之后，其他研究人员给 VBNC 现象取了好多别称，包括“持久体”“不可培养微生物”以及“存活但尚不可培养体”。

这场科学革命花费的时间正好跟哲学家托马斯·库恩预计的一样长。

••

在我看来，霍乱是一种虫媒病，就像疟疾由蚊子传播、莱姆病由蜱虫传播一样。霍乱的传播媒介是桡足类动物，也就是那些微小的甲壳类浮游动物。一只桡足类动物可以携带五万个霍乱弧菌细胞。人若摄入含有桡足类动物的未经处理的水，胃酸虽然会消化掉桡足类动物，但杀不灭它们携带的细菌。霍乱弧菌能够自由地附着在小肠内壁上（如同附着在一只巨大的桡足类动物身上）。

疫苗可以用来根除天花和小儿麻痹症，[36]因为在这些传染病的暴发期，病原体主要存活于人体或动物体内。霍乱却永远无法根除，因为弧菌是全球水生生态系统的一部分。那么，如何才能把我们的研究成果付诸实践呢？我们可能的确改变了延续了一个世纪的医学教条，但依然没有帮助到全球数千位霍乱患者中的任何一个。

被霍乱疫情荼毒最深的是妇女和儿童。为什么呢？试想，在孟加拉国偏远地区的一口池塘边，一个厕所管道正在排水，边上有人放牛，牵着牛来喝点水、洗个澡。与此同时，一个女人跪在水边洗碗，边上有个小姑娘为家里打水。在发展中国家，挑水是妇女的职责。[37]妇女和放学后的学龄女孩要为家人打水、做饭、照顾生病的亲戚、洗脏被褥和脏衣服，处理霍乱患者的腹泻和呕吐物。在人手短缺的农村医院也是这种情况。在 20 世纪 70 年代协助研发了口服补液配方的哈佛大学公共卫生研究员理查德·卡什（Richard Cash）[38]已证明，仅仅摄入一小勺含有霍乱弧菌的水就可能得霍乱——这一勺水里可能含有 100 万个或更多的霍乱弧菌。

发达国家，包括美国和欧洲的许多国家，以及日本和新加坡，通过过滤、氯化和安全输水控制霍乱。这个过程去除了附着在颗粒物上的病原体，并且灭活或杀死了未被过滤器捕获的游动微生物。通过这种处理，供水系统中至少有 27 种水传播的腹泻病原体可以被清除。20 世纪 60 年代，为了向孟加拉国提供安全饮用水，世界银行资助了若干项目，在地表水受污染的地方钻探极深井，汲取可能未受污染的地下水。[39] 可谁知孟加拉国的土壤中砷含量极其丰富，其地下水的含砷量为全球最高。饮用富含砷的水或用这种水烹煮食物，致癌的风险极高，摄入砷的副作用还包括脱发和掉牙。

自 20 世纪 80 年代末以来，我和同事安瓦尔·胡克决定看看能否运用我们的科学知识帮助偏远村庄获取更安全的地表水。胡克是孟加拉国人，他小时候见过村里的妇女们用某种过滤器滤饮用水。

我们开始和孟加拉国达卡的国际腹泻病研究中心的同人们合作。我和胡克尝试了各种过滤材料。在非洲，人们用尼龙滤网去除携带几内亚蠕虫幼虫的水蚤。这种幼虫通常会通过人的脚进入体表，在皮肤下长成长达两三英尺的寄生蠕虫。但是，尼龙面料对大多数孟加拉国村民来说太贵，当地男性常穿的T恤衫的面料也不大能起到过滤的作用。

终于，我们发现把棉质纱丽布折叠四到八次，其网眼足以细到拦截颗粒物，包括寄生有霍乱弧菌的桡足类动物。[40] 纱丽布是孟加拉国和印度许多妇女常用的面料，家家户户基本都有旧纱丽布。进一步的测试表明，用纱丽布滤水可以把霍乱病例减半。但有人提醒我们，当地男性无法接受纱丽布滤过的水，因为他们的文化素来认为旧纱丽布不洁净。此外，这种不涉及市场设备或仪器的低技术项目也很难申请资金。好在斯拉舍基金会和美国国立卫生研究院的国家护理研究所伸出了援手。多亏了他们的资助，我们得以培训孟加拉国妇女，教她们使用纱丽布过滤器。这些妇女随后充当“推广员”，向其他村庄的妇女传授过滤技术，并每周进行探访，鼓励她们沿用此法。在我们研究的65个村庄中，纱丽布过滤器几乎把霍乱发病率降低了一半。五年后，我们发表了一项针对7122名农村妇女的后续研究结果，证实此法可持续：将近四分之三的妇女仍在用纱丽布过滤家庭饮用水。

• •

2010年1月，海地遭受了一场毁灭性的大地震，震级为7.6级，随后还发生了50多次余震。[41]据估计，此次地震造成20万人丧生，30万人受伤，100万人无家可归。海地本就极度落后的卫生和供水设施遭到了严重破坏。震后，海地又面临了50年来最炎热的夏季。同年11月，飓风托马斯又给该国带来了半个世纪以来最大的降雨量，引发了大规模的洪水。难民挤在缺乏安全饮用水或卫生设施的营地里。这是霍乱弧菌最喜闻乐见的生态“配方”。随后，霍乱果然大暴发。80多万人患病，近万人死亡。

是什么导致了霍乱暴发？[42]罪魁祸首是不是当地的霍乱弧菌？疫情暴发的头几周，我们安排收集了海地18个沿海城镇的81名霍乱患者的粪便样本，确定了半数患者感染的病株与引发东南亚和非洲霍乱疫情的病株相同，但五分之一的患者感染的病株不明。我与十位合著者撰写了一篇论文，主题是海地疫情加剧或与当地环境细菌相关。但由于疫情暴发后不久，海地禁运了从机场或海港运送的样本，因此无法证明海地沿海水域或河流中有霍乱弧菌。我们的论文又遭到了猛烈抨击。

两年后，康奈尔大学和弗吉尼亚大学的营养学家重启了在海地的一项研究，对象为城镇医院里117名艾滋病病毒暴露婴儿。[43]当时为了做这项研究，科学家们曾提前冷冻存档了301份儿童粪便样本。这回他们重新分析了样本，在九名婴儿的粪便中发现了霍乱弧菌，这意味着这种细菌在地震发生两年前就有了。

自海地地震以来，我们修正了原本认为的神圣不可侵犯的若干假设，如：

- 造成霍乱流行的弧菌不止一种。[44] 我长年在孟加拉国研究的那种，会在每年春秋季节出现，那时浮游生物数量激增，潮汐会将海水推向内陆海岸线一带。我和安瓦尔·胡克、年轻有为的印度水文工程师安塔普里特·朱特拉（Antarreet S. Jutla）以及新西兰的内科历史学家伊丽莎白·惠特科姆（Elizabeth Whitcomb）合作，分析了一些 19 世纪英国陆军绘制的地图。这些地图标记了 1876 年至 1900 年印度每例霍乱死亡病例的地点。惠特科姆是一位严谨的科学家兼出色的主诊医生。数据显示，内陆潮汐河一带曾不时地暴发大规模的疫情。这些在内陆地区的流行病短暂但凶猛，往往发生在人群大量聚集的时候，比如宗教节日、战争或自然灾害期间。而通过把这些信息与英国气象数据交叉参照，我们发现这些节点往往都是在极端炎热的天气后，伴随着暴雨、洪水、缺乏安全饮用水以及卫生系统崩溃而出现。当局对这种内陆疫情毫无准备，因此死亡率非常高。海地悲惨的疫情也符合类似的轨迹：一场地震迫使许多人进入拥挤的难民营，随后热浪和暴雨袭来，紧接着便是疫情暴发。

- 我们对“霍乱”的定义可能也得改改。[45]我们现在知道，不止单纯的霍乱患者有水样便，患者可能被霍乱弧菌、志贺氏菌、大肠杆菌和沙门氏菌、病毒、真菌和/或寄生虫多重感染，即所谓的多微生物感染。
- 霍乱弧菌大约能够将其80%的基因与附近的细胞甚至附近的其他物种（如大肠杆菌）相互转移。这种遗传流动性[46]解释了霍乱弧菌在环境剧烈变化后也能生存，包括潮汐和盐度、营养物质、水深度和温度的变化。这也解释了有些霍乱弧菌能致病，有些则不会的原因，以及霍乱强毒株为何地震后才出现。
- 如今，四分之三的霍乱病例位于撒哈拉以南的非洲国家，那里的病例死亡率是亚洲的三倍。[47]根据世界卫生组织的数据，海地在2019年已经没有报告新的霍乱病例。
- 随着全球变暖，弧菌和它们引起的霍乱等疾病正在向北扩散至北大西洋和波罗的海地区。[48]有人

在高温天气下在波罗的海涉水，之后因霍乱和其他弧菌感染住院，并有数人因此死亡。

●●

我花了很长时间思考如何预测霍乱流行。预算有限的国家得尽早发出预警，动员医生、护士、公共卫生人员，提早准备口服补液包、抗生素、净水设备、儿童和老年人疫苗、卫生包和公共教育项目。

1972 年，美国宇航局的陆地卫星开始收集地球自然资源数据。[49] 它们从太空上发现了地球上沿着热带海岸漂浮的绿色的、巨大的浮游生物垫。卫星测不了其中的动物生命，更无法测得携带霍乱弧菌的桡足类动物数目，但它们能够测出叶绿素色素、海面温度和高度。我自 20 世纪 70 年代以来一直在研究霍乱弧菌、降水量、盐度、可用营养物质以及空气和水温之间的联系。我想利用宇航局的卫星数据创建一份时间表，提前预测叶绿素的增加，以及时发布霍乱警报。浮游生物学家已经知道日照强度随季节变化。日照越多，表层水更暖，浮游植物（海里的“草”）会迅速生长，桡足类动物和其他以浮游植物为食的微生物会大量繁殖。四到六周后，浮游动物的数量达到峰值，然后“崩溃”。此后不久，依赖这种未经处理的池水的村民将喝下含有弧菌的水。

世界的气候正在变化，我们的海洋正在变暖。海水变暖会影响浮游生物的数量，并可能导致弧菌种群增多，导致霍乱暴发期越来越久，尤其是在发展中国家。20 世纪 80 年代，科学家预计到 2050 年，上升的海平面将淹没孟加拉国 17% 的土地，迫使 1800 万人流离失所，并引发大规模迁徙，继而可能影响别国的稳定——这些即将发生在我们的子女和孙辈的有生之年。建立霍乱预测系统迫在眉睫。

1982 年，我开始与美国宇航局科学家拜伦·伍德（Byron Wood）、布拉德·洛比茨（Brad Lobitz）和路易莎·贝克（Louisa Beck）展开合作，且卓有成效。他们当时的技术还无法预测疫情，卫星数据还在靠着大卷磁带和磁盘传输，尚不能以易于分析的可用格式下载到计算机上。不过等到 20 世纪 90 年代末，这些数据实现了数字化，我和宇航局位于加州芒廷维尤航空场的埃姆斯研究中心团队合作开展了计算机模型研究。随后，法国博士后研究员吉约姆·康斯坦丁·德·马尼（Guillaume Constantin de Magny）[50] 及我实验室的其他学生利用疫前降水、气温、水盐度和河流深度改进了这个模型。河流深度格外重要，因为随着水位下降，河流的盐分更高，也更为湍急，搅动了河底富含细菌的沉积物。到 2008 年，我们的模型已经能够以惊人的准确性预测霍乱病例的增长。宇航局的技术也跟上了步伐。到了 2011 年，其环境卫星已经非常成熟，可以测出地球任何海域每平方公里当日的表面温度。

四年后，我和同事们组建了一个计算机模型，通过安塔普里特·朱特拉的数学技能、安瓦尔·胡克对霍乱和孟加拉国的了解，以及我的微观生物学、微生物生态学和分子生物学知识，来预测霍乱流行最有可能发生的地点和时间。我们起先预测霍乱会在切萨皮克湾、津巴布韦、莫桑比克和塞内加尔流行。然而在 2017 年，有记录以来最严重的霍乱疫情袭击了全球最贫穷的国家之一——也门。

也门是个小国家，位于阿拉伯半岛的南端。该国拥有四处联合国教科文组织认证的世界遗产，但内战和美国支持的沙特阿拉伯空军的轰炸摧毁了该国大部分的卫生和水处理基础设施。霍乱随之而来。联合国和世卫组织称其为全球最严重的人道主义危机。也门 2600 万人口中有 120 多万人确诊霍乱，其中三分之一是儿童。迄今为止，已有 2300 多人死于这种可预防、治疗费用低廉的疾病。

朱特拉按照美国县城的普遍大小，把也门划分为一个个小区域。[51] 这套日趋复杂的模型最终以 92% 的准确率预测了每个区域的霍乱风险。2017 年深秋，英国国际发展部的苏格兰人道主义顾问弗格斯·麦克比恩（Fergus McBean）了解到我们的工作时，给我们提出了一项挑战：在下次雨季到来前，为也门建立一套霍乱预测系统并落地使用。也就是说，我们得在四个月内完成它。

三个月后，系统开始运作。2018 年 3 月，雨季将在一个月后到来。英国国际发展部用上了这套模型提供的预测。我们的预测与英国气象局的天气预报两相结合，为联合国儿童基金会和其他援助组织提供了有力指导，将援助重点锁定在了最需要的地方。因其在控制疫情暴发方面作出的贡献，麦克比恩身着漂亮的苏格兰裙和饰边袋出席了国际发展部的颁奖礼。他表示，这项工作“若无各方通力合作，难以完成”。这次合作涉及马里兰大学、西弗吉尼亚大学、美国宇航局和联合国儿童基金会。

现代科学已经真正跨学科。解决 21 世纪的复杂问题得把传统的物理、化学、生物学与社会和行为科学相结合。这需要跨领域的合作和跨群体的对话。

那么，接下来让我们看看女科学家一旦握住了钱袋子并有了姐妹团的帮助，她们能做些什么。

第六章

女性越多 = 科研越好

宣誓就任美国国家科学基金会主任后不久，1998 年 11 月 27 日这天，[1] 我来到办公室，得知美国海军研究主任保罗 · 加夫尼（Paul G. Gaffney）中将将于 11 点 01 分到 12 点 01 分前来拜访。

我俩私交甚好。一番寒暄过后，加夫尼中将告诉我基金会正在资助一组夏威夷大学的海洋学家在一艘美国核潜艇上驻留两周，绘制北极海底地图。只是有个问题，科学家团队选定的首席科学家是杰出的海洋学家、副教授玛戈 · 爱德华兹（Margo H. Edwards）。可美国海军是不让女人上潜艇的。

“行啊，”我说，“不让女的上，就别来要钱。”

美国海洋学界和美国海军向来禁止女性科学家参加科学考察，直到20世纪60年代末才偶尔允许一些女性登船。但变革是渐进的。海洋学家凯瑟琳·克雷恩（Kathleen Crane）在她的回忆录中写道：“美国海军对女性高筑的屏障比工业界或学术界的更难逾越。”[2]克雷恩在北极工作了20多年，利用自己的经费支付在俄罗斯、瑞典、挪威、加拿大、法国和德国船只的科考费用。清洁女工可以在潜艇到港时上去清扫，女性承包商甚至可以在船上留宿以检查设备。至于女性科学家想在海军行动时上核潜艇？没门儿。

我希望美国能做全世界最好的科研，那就要让更多有才华的女性投身科学领域。许多美国人认为平权行动会破坏科学。但实际上，女性更多＝科学更好。因为从100%的人口中选优肯定强过从50%的人口中选优——何况目前为止，我们也只从美国三分之一的人口中选了优，也就是白人男性。更多女性、更好的科学，这不是非此即彼的单选题。我们要想办法实现二者兼得。

我们女性多年来一直提醒彼此，唯有掌握经费才能解决我们的需求。但经验告诉我们，我们还需要在科学界建立一个支持体系，还得有盟友（既包括女性，也包含男性）。否则，我们总得一次次地绕过障碍，而无法将其拆除。

听到我说“不让女的上，就别想要钱”，中将又惊又忧。七年前的“尾钩门”事件*仍让海军心有余悸。据说当时有100多名海军军官和海军陆战队队员在拉斯维加斯的希尔顿酒店参会期间性侵了83名住店的女客和七名男客。一时间，批评者纷纷身穿印有“女人是财产”字样的文化衫以示抗议。这位海军中将对潜在的风波十分戒备。

“行啦，又不用大张旗鼓地来，”我说，“首席科学家就她了，这是板上钉钉的。咱就想想怎么让她上艇。”

这组海洋学家将执行一项重要任务。美国海军刚刚完成七次核潜艇巡航，[3]提供了北冰洋变暖的基本初步证据。[4]海军预测，第八次，即最后一次巡航至关重要，对“研究全球变暖意义重大”。为此，团队安排玛戈·爱德华兹负责此次巡航的监督研究。

---

* 尾钩协会是1965年成立的非营利性组织，其性质类似于美国海基飞行单位的军人联谊会。“尾钩门”事件是美国家喻户晓的军中丑闻。1991年9月，尾钩协会第三十五次年度会议在拉斯维加斯的希尔顿酒店召开，共有超过4000人参加。根据国防部的报告，多位住客称其在会议期间遭到性侵犯与性骚扰。涉案人员后来指证称会议的组织者了解性侵事件的发生，但并未加以阻止。“尾钩门”事件最终导致14位海军高官（将军）和300名飞行单位人员受到牵连。

为什么爱德华兹必须上潜艇管理团队的研究？“因为一旦事情进展不顺，”爱德华兹解释道，“必须本人到场才能随时调整计划。[5]每次亲自出海……我都能更好、更及时地掌握实情。而且在现场可以实时观察数据产出。”

加夫尼中将与我达成妥协。海军将送爱德华兹飞往北极，她的男副手则乘坐核潜艇，随同团队的仪器北上。等潜艇一进北极圈，爱德华兹便可乘坐玳瑁号在海冰下进行为期 13 天的研究。

在玳瑁号上，爱德华兹在气候变化方面有了极为重要的发现：证据表明，冰层在变薄，北极海底火山喷发，较暖的大西洋水流流入北冰洋促使冰川融化。还有证据显示，直至大约一万两千年前，厚达一公里、长达数百公里的巨大冰架已存在了 250 万年。她估计，美国海军在 1995 年至 1999 年在北极开展的六次核潜艇巡航使人类在该地区收集的科学数据增加了十多万倍。正如她所言：“要不是亲自下了水，以上的任何一项我都无法研究。因为冰会挡道。”

《自然》杂志发表了爱德华兹的报告，[6]加夫尼中将颇有风度地给夏威夷大学发了一封感谢信。爱德华兹认为这封信促成了她成功晋升正教授。

我十分欣慰。能和缓地帮助一位女性科学家成功领导一次海军潜艇研究巡航，并且没有发生任何意外，甚至没有引起外界注意。或许有些人认为我的做法过于温和，但我一直认为要想达成目标，最好不要让别人难做。“胡萝卜和大棒并举”的策略最奏效。而且如果能靠人脉关系解决，就更好了。这就如同打游击，得伺机而动，等哪天能用上，就立马出击，结果就会皆大欢喜。等下次别的女性遇到类似问题，你还能多个盟友，好帮到下一位女性。

下一位来得比我预想的更快。六个月后，在基金会赞助的南极研究站，杰里·尼尔森（Jerri Nielsen）医生发现她的乳房里长了个肿块。尼尔森与国内的一位肿瘤学家和一位细胞学家打了一通视频通话，对自己实施了活检。7月10日，时值极地严冬，飞机燃料尽数冻成凝胶，基金会只能将化疗物资空投到冰面。此时，国际媒体已对这个故事产生了极大的兴趣，疯狂地想要获知更多细节。尼尔森的肿瘤不断扩大，基金会组织了由空军国民警卫队执行的惊险救援。这是当时有史以来在南极所进行的最低温环境下的着陆。如此具有戏剧性的行动为空军国民警卫队和空军提供了绝佳的公关机会，因而，他们坚持认为必须在尼尔森回程途中进行采访和拍摄，并声称这是惯例。然而，出于诸多女性（和男性）都能理解的原因，尼尔森不愿在返程时与媒体打交道。

基金会支持她的想法。但要是与军方公事公办地就对待女性海洋学家的方式问题公开斗争，困难重重。因此我私底下联系到我认识的某位高级空军军官，轻声问："将军，您说要是《华盛顿邮报》明天真打给尼尔森博士询问情况，她又直言不讳地说自己是被强制接受采访的，公众会怎么想？" 这位将军微微一顿，随即平稳地回答道，空军军官们"肯定是误会了采访的必要性"。这事儿就这样结束了。尼尔森安静地回到了美国接受治疗。她康复后写了《冰封：一位南极医生不平凡的求生路》（*Ice Bound: A Doctor's Incredible Battle for Survival at the South Pole*）一书，讲述了自己的故事。[7] 苏珊·萨兰登（Susan Sarandon）在该书改编的电影中饰演她的角色。

••

进入国家科学基金会并帮助像玛戈·爱德华兹和杰里·尼尔森这些女性的道路始于几十年前，当时我在马里兰州创办了两个研究组织，第一个是 1977 年在马里兰大学成立的赠海学院项目（Sea Grant College Program）*。自内战时期以来，国会一直资助内陆州的农

---

* 该项目旨在加强美国沿岸、海洋和五大湖资源的实际利用和保护，以创造可持续发展的经济和环境。

业研究。一个世纪后，它拨了一大笔资金，为大西洋和太平洋沿岸、墨西哥湾和五大湖沿岸的州立大学提供同样的研究机会。当时马里兰大学的首席微生物学家、最畅销的微生物学教材的作者，同时也是分管研究的副校长小迈克尔·佩尔查尔（Michael J. Pelczar Jr.）极力为本州争取到了赠海项目。由于我在切萨皮克湾进行过广泛的研究，与佩尔查尔成了很好的朋友，他任命我为该项目的首任负责人。马里兰赠海项目研究海鲜生产和沿海问题，如渔业、沼泽、飓风、土地流失、海平面上升、风暴潮、沿海人口以及如何缓解油污泄漏。与渔民、牡蛎养殖户和当地居民的交流让我掌握了向公众进行科普推广的实践经验。再后来，里根政府试图削减该项目，也让我学到了游说国会的艺术。

在组建马里兰赠海项目团队时，我结识了一位重要的朋友：芭芭拉·米库尔斯基（Barbara A. Mikulski），她有着神通广大的人脉。米库尔斯基是巴尔的摩一家杂货店老板的女儿，政治生涯始于她组织工人阶级社区人民，挫败了当地一条八车道公路的规划，避免了社区被这条高速路割裂。自此，她赢得了巴尔的摩市议会、美国众议院的席位，并最终进入了参议院。米库尔斯基是一名民主党人，后来成为国会历史上任期最长的女性。

截至本书撰写时*，她也是唯一担任过参议院拨款委员会主席的女性。她回忆说，当时女性健康权威医生埃德加·伯曼（Edgar F. Berman）说过，女性由于“荷尔蒙严重失调”做不了领导。

20 世纪 70 年代末，我初识米库尔斯基。那会儿她正担任众议院商船和渔业委员会的海洋学小组委员会主席。该委员会正在研究海洋生物科学如何清理环境，而米库尔斯基了解到我正在马里兰大学帕克分校从事相关研究。自那时起，每当我对棘手的政治情况有疑问或需要推进项目时，米库尔斯基及其同事总会抽空给予我建议。

“当你成了领头雁，就会希望成为很多人的领头雁，会想帮其他人敞开大门。这是我们的承诺。一看到人才，我们就想提拔她。”因此，一位共和党人总统想任命伯纳丁·希利（Bernadine Healy）担任国立卫生研究院负责人时，米库尔斯基和其他民主党女议员帮助说服了参议院，敲定她为人选。

国会中的另一位女性康斯坦斯·莫瑞拉（Constance Morella），也是我的好友和支持者。莫瑞拉和我一样是意大利移民后裔，在马萨诸塞州长大。她的姐姐罹患癌

---

* 本书英文版出版于 2020 年。

症去世，她便和丈夫收养了姐姐的六个孩子，与自己的三个孩子一起抚养。莫瑞拉原是当地社区大学的教授，是一名温和派共和党人，1987 年至 2003 年在美国众议院代表我家乡的选区。她成为众议院技术科学小组委员会主席，后来担任了美国驻经济合作与发展组织大使。米库尔斯基参议员和莫瑞拉众议员是争取国立卫生研究院于 1990 年设立妇女健康研究办公室的两位国会领袖，这绝非巧合。她们都知道女性不上决策桌的后果。

••

马里兰赠海项目成立几年后，约翰·托尔（John S. Toll）[8] 因把纽约州立大学石溪分校的入学人数增加了近十倍的出色业绩，受聘为马里兰大学校长。托尔校长是美国公立大学的一位杰出建设者，是一位真正值得尊敬的人。他对我在赠海项目上的工作印象深刻，任命我为马里兰大学系统的学术副校长。因此，除了管理实验室加上每年去一两趟孟加拉国做研究，我还得处理马里兰州 11 个校区系统内的教职工招聘、晋升和教育项目等一堆棘手的校务。

只要不被男人发现我在做什么，我就能确保有实力的女性候选人获得公平竞争领导岗位的机会。我不赞成将性别作为人事决策的唯一标准，但合格的女性候选人确实能给眼下的任务引入独到的见解。成为权谋之士并不容易，把握行动的时机也不是魔法，都得付出艰辛。你必须掌握出手的时机。现代研究已经证实，我们女性从过去的痛楚中学到的经验是：男性公开帮助高素质的女性和少数族裔会有好报，女性和非白人少数族裔做同样的事儿则没有好下场。[9]

学术副校长一职也使得我在大学开展新的研究领域一事上有了发言权。技术革命总是推动科学知识的爆发，生物学尤甚。[10] 我一直关注着波士顿地区利用基因组学、计算机生物学和生物信息学，逐步发展起世界级生物技术和基因工程中心的历程。我认为马里兰州作为美国国立卫生研究院、美国食品药品监督管理局和其他联邦机构的所在地，也能够取得同样的成绩。我与托尔讨论了生物学的重要性，认为它将成为未来科学和经济增长的引擎，并提出马里兰大学应该争做生物科学的领军者。[11] 托尔热烈支持，并指导我进行机构建设。然而，等他好不容易说服马里兰州州长和州议会给大学系统的主校区帕克分校划拨了 100 万美元用于发展生物学后，该校区却把这笔钱分配给了工程和物理学科。我认识到，生物科学建设没法通过常规程序推进。

翌年，我提议托尔建立一个生物技术研究所。该项目的三位主要支持者都是女性：芭芭拉·米库尔斯基、康斯坦斯·莫瑞拉和时任马里兰州众议院预算委员会领导的南希·柯普（Nancy Kopp）。柯普后来担任了马里兰州众议院拨款委员会主席，并当选为州财政部长。正是她教会了我如何与州议会合作，并帮助我自如地向议会申请科学和教育项目的资金。

在我担任副校长的 11 年里，马里兰大学生物技术研究所从本州和联邦获得的拨款超过一亿美元，用于建设实验室和提供研究经费。研究所在鼎盛时期有 700 名科学家和工作人员。这段经历告诉我，我确实能够有所为——但不一定持久。学校管理层后来解散了这个研究所，把它的预算和师资分给了全州各地的校区。我从这次挫折中学到的最深刻的教训大概是：建立新机构时，确立内部共识无比关键，这样机构才能持久存在。

要是马里兰大学系统继续支持这个研究所，我们本可以成为生物技术领域的国际领先力量。不过，联邦机构的存在、积极的工业发展以及马里兰大学杰出的教职员工依然使得马里兰州跻身美国生物技术领域第三大重要地区，马里兰大学帕克分校则在全球研究型大学中名列前茅。

●●

1983 年，当我被任命为马里兰大学系统的学术副校长时，霍乱研究者们仍在争论我的发现。罗纳德·里根总统也正面临着自己的政治问题。他曾承诺招募更多女性加入联邦政府，结果367个行政任命中只有42位女性，两党的女性纷纷表示不满。里根试图弥补这一可悲记录，我则从中受了益：托尔校长提名我为国家科学委员会成员——不是国家科学基金会，而是给基金会提供科学政策、资金和方向建议的机构。我随即目睹了女性在缺乏资金权力时会面临的境地。

在我担任委员会成员以及后来担任极地科学分委会主席时，国会应军方要求将北极和南极的科研经费增加了一倍，因为这些地区在全球军事和工业方面的地位越来越重要。我强烈支持更新极地的科学设施。南极洲是地球上污染最少的地方，那里保留着人类工业化以前的面貌。但令我失望的是，有影响力的女性科学家或选民并未给予科学界的女性和有色人种支持。我知道假如我公开为这些群体游说，很多男人会一并轻视我在其他问题上的意见。此外，该委员会对国家科学基金会只有建议权，并无管理权或预算决定权。

若干会议之后，我很快了解到委员会的关键决定由执行委员会作出。当我在委员会上就一个问题发表意见时，一位男性成员说："你这小脑瓜就别费神了。"只有我感到被冒犯。虽然没有人明目张胆地羞辱我，但我在委员会全体会议上提出的建议得到的回应只有沉默，或是更少见的一个评价——“有趣”——说明我的提议并不被当真。片刻，某位男性成员提出类似的建议后，必定马上有人回应“好主意”。那是20世纪80年代中期，全国的明星科学家中无一位女性。

••

在国家科学委员会任职的经历让我认识到，除了从事科研和与家人共度时光，我最喜欢机构建设。我不爱对别人的工作评头论足，对实际的砖瓦搭建也不感兴趣。我想建立的是能解决问题，能让人们的生活变得更好的机构。我把这样的机构称为“人的机构”。到现在为止，我同时在两种职业领域内工作：一个是科学研究，另一个是科学管理。我并不建议所有人都这么做。朋友们以前管我叫“活力兔”，因为我每天只睡六小时，仿佛有使不完的劲儿。但我觉得自己的动力源于对可能性的深切信念，对现状有望改变的乐观态度，并且认为——在一群支持者和同盟的共同努力下——我们有能力解决问题。女性科学家那时候尚未学会组成联盟，公开努力改革科学界。但我们已经学到：挖掘事实，明确问题，选定长期目标并相信所做的事情，就可以完成看似不可能的任务。发起改革的要诀就是找到信得过的人，让他们认识到此事的重要性，让他们担起责任，然后退后一步，放手让他们去干。

当然了，如果没有我的丈夫杰克和我俩的好女儿艾莉森和斯泰西，我不可能完成这一切。我认为，如果你身边有真正关心你、相信你的人，你不仅很幸运，还可以征服世界。我总有一个小家给我滋养，让我能够一次次地重新调整自己。杰克会听我的牢骚，提醒我换位思考。我们不去海湾开船的话，就会去骑车、徒步旅行，或者去看戏、听音乐会。记得有一天晚上，当时女儿们还在上小学，我下班回家做家务，说话很刺耳，一副咄咄逼人的样子。杰克说："瑞奇——这是他对我一贯的昵称——我们不在实验室哦，我们在家呢。"

••

虽然克拉伦斯·托马斯有被法学教授安妮塔·希尔指控性骚扰的不光彩历史，但在他被国会任命为最高法院大法官后，我进军政界的大好机会来了。1992 年，愤怒的选民将数量空前的女性送入了国会，并在随后的总统选举中把比尔·克林顿抬进了白宫。克林顿任命了众多女性担任要职。1997 年，克林顿总统的科学顾问问我是否有兴趣做国家科学基金会的副主任。当然，白宫想到的并非科学家丽塔·考威尔，而是科学界的行政管理者、机构建设者和筹款人丽塔·考威尔。不管怎样，我在咨询委员会的经历教会我，成事儿得当一把手。此前，我已拒绝上届政府让我出任国家科学基金会教育总局助理局长的邀约，这次也不例外。我说："不了，谢谢。有机会的话，我很乐意当正主任。"

次年一月的某一天，我正在马里兰大学生物技术研究所的办公室工作，秘书对我说："副校长来电找您。"

我手头正忙，问："哪里的副校长*？"

"美国的。"她说。

阿尔·戈尔（Al Gore）打来电话，问我是否愿意担任国家科学基金会主任。这次我答应了。

我热爱国家科学基金会。我认为它是全联邦政府最好的机构，其员工也毫无疑问是全世界最优秀的。从1998年到2004年，六年的基金会主任生涯是我此生最美好的一段时光。国家科学基金会是个特殊的政府机构，它没有自己的实验室，但资助着全美高校中进行的大半非医学类科研。基金会每年负责拨款数十亿美元，以支持物理学、地球研究、生命科学、社会和行为科学、工程学以及培养国家未来的科学家。当时，基金会

---

* 英语中，校长和总统都是 president。此处，丽塔以为是某位分校副校长来电。

每年资助数千名科学家、工程师、教师和学生。我是基金会的第一位女主任。

国家科学基金会源于富兰克林·罗斯福总统在"二战"临近结束时提出的一个构想。为了赢得战争，美国创建了新的国防工业，特别是在电子科技等领域。但战争结束意味着许多工业将会闲置。罗斯福担心到时候1500万名军警相关人员回国准备转业时，却发现原本兴致勃勃打算从事的工作已不复存在的局面。他的战时科学顾问范尼瓦·布什（Vannevar Bush）提议投资科学家们热衷的基础研究。[12] 1950年，哈里·杜鲁门总统签署了创建国家科学委员会的法案，落实了布什的提议。事实上，并非基金会资助的任何科学发现都会立即投入应用，但一些发现会创造新的企业和就业岗位。如今，许多经济学家认为美国过半的经济增长得益于政府在基础研究方面的投资。

我还没上任呢，基金会的老前辈就提醒了我几点不利因素。首先，基金会的法律顾问建议我牢记政府的头号真理，"流水的领导，铁打的兵"*——意思是，普通公职人员在机构里待的年头比我们这种短期领导久得多，回头可以撤销我们先前的一切动作。其次，他们提醒

---

* 此处原文为"IBHWYAG"，即"I' ll be here when you are gone"。

我，我是女性。万幸，基金会里没人对此提出异议——尽管在我任职初期，《科学》杂志的记者杰弗里·默维斯（Jeffrey Mervis）曾在电话里问我："您是不是只招女的？"我告诉他并不是，我不偏袒女性，我只用最合适的人。

我的另一个劣势在于我是个生物学家——是基金会成立 50 年来，首位微生物学家、第二位生命科学家主任［30 年前，生命科学家威廉·麦克尔罗伊（William D. McElroy）也曾担任基金会主任］。传统上，基金会主要支持所谓的硬科学——物理、化学、天文、工程——这些学科帮助盟军打赢了第二次世界大战，而国立卫生研究院则资助与医学相关的生物学研究。基金会主任通常是支持物理学家或工程师的男性，他们往往会主导粒子加速器、天文望远镜这样的大型项目。这些男性主导的领域比我从事的微生物生态学、分子生物学更有声望。然而当时，生物科学领域正在新发现的爆炸中蓬勃发展，疾病传播生态学、基因组学、气候变化、全球生态系统和神经计算的研究令人兴奋，但资金不足。

不过，我也不乏优势。马里兰州的参议员米库尔斯基、众议员莫瑞拉和国会代表团都站在我这边。在我任职期间，国会都挺喜欢基金会，因为我们促进了创新，创造了新的就业。信息技术、互联网（直到 2000 年，包括谷歌在内的所有主流搜索引擎）、基因组革命、核磁共振成像、激光技术、生物技术和纳米技术搭起了现代生活的基础——这些都诞生于基金会资助的大学实验室。

在我任职期间，我们对科学的支持不分党派，无关政治。无论是克林顿总统还是乔治·布什总统都不曾出于政治原因干涉或取消基金会的任何项目。我喜欢与两党人士一道合作，与左派的泰德·肯尼迪（Ted Kennedy）以及右派的特伦特·洛特（Trent Lott）、迪克·切尼（Dick Cheney）和众议院前议长纽特·金里奇（Newt Gingrich）等人都保持着良好的关系。虽然我跟金里奇议长在许多问题上存在分歧，但不妨碍我俩私下是好友。我很享受与他共处。得知他对科学很着迷，我还请他给我们基金会做了场科学政策和资金方面的讲座。他说，如果需要他帮忙通过预算，尽管打电话。等后来金里奇议长离开国会、乔治·布什总统上任，坊间有了预算削减的风声。在克林顿总统任内，基金会的预算曾大幅增加，但新任总统看起来只想给我们小幅度地提高。我给金里奇打了电话，于是他去白宫交涉。最终，我们拿到的拨款大幅增长。虽然没有克林顿时期的 13% 那么多，但仍然相当可观——约 9%——我们万分感激。

我的另一个优势在于基金会拥有 1500 名出色的员工。初见法律顾问劳伦斯·鲁道夫（Lawrence Rudolph）

时他就告诫我，若要避免被国会或媒体找麻烦，最简单的两种方法是别在个人费用报销上犯错，邮件里也不要出现不想被登在《华盛顿邮报》的话语。我立即开始让鲁道夫帮我在提交报销单前逐一检查，并确保往来邮件无可指摘，连女儿们都注意到了我在私人邮件和电话中变得格外谨慎。日后，当众议员吉姆·森森布伦纳（Jim Sensenbrenner）这位大人物代表国会要求基金会全体员工提交所有报销单和五年内的差旅记录时，鲁道夫的建议显得尤有先见之明。森森布伦纳是想借此提高国会对基金会的掌控。我们的工作人员花了整个周末整理、复印并装箱了25箱单据，递送至森森布伦纳的办公室。此事再无下文。

在男性主导的一个个机构里工作数十年，出席了一场场男人高谈阔论而女人被无视的会议后，我明白了一些事情。那就是，他们希望女人保持沉默。最高法院大法官鲁思·巴德·金斯伯格（Ruth Bader Ginsburg）[13]回忆说，作为法庭上唯一的女法官，她的言论往往无人在意，直到其他（男性）大法官提出同样的观点——正如金斯伯格所说："我不觉得我的发言多难懂。"政商界的很多女性也有同样的经历。[14]这种现象根深蒂固，以致麻省总医院研究自身免疫性疾病的权威丹尼斯·福斯特曼（Denise Faustman）[15]经常带一个男学生去开会，替自己发言。那帮人觉得男学生比女专家更可信。很遗憾，这个问题现在仍然存在。几年前，我与共事多年的同事们出席预算会，大家对我的发言无动于衷。几分钟后，一位男同事说了同样的话，旋即被承认并接受。与会的女同胞们目睹了这个情况，纷纷互发私信“LOL”*，心照不宣地咯咯笑起来。当然，我们谁都没点破。

在马里兰大学主持学术会议时，我施展了一个策略，避免讨论没完没了却久久得不出结果。有趣的是，这个策略源于我在童年时期讲话不被听见的不满。不公平和不公正仍然让我愤怒，但长大的我试图反过来利用那段经历，确保人人都有机会表达想法，尤其是那些没人问就不愿开口的人。这个流程也确保了我主持会议的公平性。

首先，会议开始时，我要让寡言的成员也贡献想法——以免有任何人霸占话筒、压制异议。[有趣的是，卡内基梅隆大学阿尼塔·伍利（Anita W. Woolley）博士的团队曾发表一项研究结果，指出群体决策的有效性取决于女性的占比。[16] 因为女性会倾听每个人的意见，而非只听少数主导讨论的人。] 然后我会估量当前讨论的内容与实际议题之间的偏差，提出可行的结论，坐等他人（往往又是男的）重述我的提议，然后就会有人附和

---

* 网络用语，即 laugh out loud 的缩写，意为“哈哈大笑”。

“好主意！”——这么一来，委员会就可以根据这个好主意采取行动啦。虽然那一刻被赞美的不是你，但事情落定，你自然会得到肯定。要是做什么都想立即被表扬，很可能会一事无成。

除了20多年摸爬滚打得来的科学管理策略，我来基金会时还带了其他两个重要的优势。首先当然是杰克。他之前在国家标准与技术研究所做物理学家，1989年退休，负责家务——和航海。杰克笃定自己只想把时间用来做喜欢的事，航海、骑自行车、业余天文学以及监视他最喜欢的那对鹰。它们在我们家对面波托马克河边的大树上筑了巢。艾莉森和斯泰西分别就读于研究生院和医学院。另外，多亏了杰克的精打细算，我们家经济宽裕。因此，他的退休合情合理，我们一家人都很支持。我的优势之二是我的前研究生安瓦尔·胡克。他和妻子、孩子都是我们“考威尔大家庭”的一员。也因此，安瓦尔和杰克都在彼此住院治疗时前去陪护。安瓦尔善良、诚实、聪慧，对微生物学的实际应用有广博的理解。我在基金会任职那些年里，他把实验室打理得井井有条。

••

就这样，有亲友和策略加持的我携一份目标清单和明确的战略来到了基金会。我的即时目标是帮助研究生群体和发展 K-12 科学教育*。当时，理工科研究生的津贴很低，许多学生甚至会辍学或者靠申请社会福利和食品券过活。[17] 我想把基金会给研究生的 14000 美元津贴提高到 30000 美元。于是，我启动了新的奖学金项目，研究生可以通过有偿授课，将最前沿的研究成果带进公办学校的科学课堂。研究生能积累每周五小时的教学经验，孩子们则能受益于男女青年科学家、工程师导师们。我们把这个项目叫作“GK-12”。更可喜的是，传统的研究生津贴也提高到了 30000 美元。只可惜后来基金会的一位主任取消了 GK-12 项目，研究生奖学金的额度提升再次停滞不前。

我知道从长远来看，基金会主任的首要职责是“预算、预算、还是预算”。20 世纪 90 年代末，基金会每年收到的科学家经费申请足有 32000 份，但只资助了 9000 例。我想把基金会的预算翻一番。得益于之前在各种委员会和董事会任职的经验，我知道如何实现这个目标：达成共识。只要大家劲儿往一处使，这事就成了——得大伙儿一块儿用力，既不能让别人远远地走在前头卸了力量，也不能有人落在后边，那样还得费劲拽他。

---

* K-12 是指从幼儿园到 12 年级的教育，在国际上被用作对基础教育阶段的通称。

基金会必须明确任务优先级。自己若是不定好，就得老实地交由国会代劳。与马里兰州立法机构合作的经验告诉我，如果去国会山请求把我们的预算整体翻一倍，最多只能获得小幅增长——最多每年增几个百分点。而且，我向来不喜欢均匀而稀疏地分配资金——我称为“花生酱法”。我认为，优秀的科学家就得拿着足够的资金把研究做到位。我也坚持不能把张三的钱挪给李四用。千万不要把已启动的重要项目的经费砍掉，挪给别的新项目，这时候应该想办法再搞一笔经费。

那么，哪些新领域需要经费呢？前面已经说过，科学和工程等几个领域收到的优秀项目提案远超我们的预算，每放弃一个领域就意味着美国经济失去了一个增长的机会。在我担任主任的六年间，我们致力于打造一批新项目。这里要再次感谢我多次转专业、转行的经历，我敏锐地认识到我们正迈向全新的时代。在这个新时代，科学中大量的新问题就落在传统学科重叠的地方。正如我向参议院拨款委员会所解释的那样：“目前为止，我们通过把事物拆解，研究各个组成部分，从而理解事物。而今，我们终于可以着眼复杂系统各部分之间的相互关系了。”

那会儿还是 1998 年，要说服物理学家、生物学家、天文学家、计算机科学家、数学家、工程师和社会学家从头至尾共同设计、执行、分析实验，实非易事。破除学科领域之间的人为界限也颇受争议。各个学科安于四散，各自为政，独立掌管经费，守着自己的一亩三分地。共享被视为资源浪费。有一种观念认为跨学科研究在某种程度上不够严谨规范，而且从来没有人做的事想必不是好事。

基金会历来奉行内部管理，物理学、生命科学、社会科学各有负责人。但实际上，许多科学家都想加入跨学科团队——纳米技术方面的项目经费申请尤其多——但我刚上任时，基金会并不会为这类研究拨款。

纳米技术需要生物学家、工程师、物理学家和化学家共同操作，单个原子、单个原子地进行研究。上一任主任尼尔·莱恩（Neal Lane）在离开基金会去白宫担任科学顾问后，与我一起给这个令人兴奋而又新颖的生物工程分支学科争取了资金，运用新的制造方法、新的制药与慢性病疗法解决医学和工业问题。生物学将成为新一代经济引擎，我为此而兴奋。但我在基金会最引以为傲的一项成就是推动了 20 世纪 90 年代最大的变革之一——计算机革命。

跨学科团队往往会生成大量数据。我深信计算机将改变每个学科的玩法，从数学、教育学到社会科学，无一例外。然而，我国各所高校享有的高端计算机资源并不均等。除非所有科学家的研究都能实现计算机化并相互关联，否则他们无法共享或者比对数据。因此，经过长时间的讨论，基金会商定申报一项价值十亿美元的计划，把高端计算技术引入所有的学术机构。要做到这一点，我们必须在不亏待“老前辈”——物理学和工程学——的同时，让计算机科学这个新兴领域的经费追上二者。我请来所有相关政府机构的负责人来我办公室开会，希望获取他们的支持。他们一致同意基金会应当发挥带头作用，并表示愿共同努力。

我聘请了宾夕法尼亚大学机器人学教授鲁泽娜·拜奇（Ruzena Bajcsy）[18] 担任基金会计算机和信息科学工程局助理局长，任期三年。1933 年，拜奇出生于捷克斯洛伐克。那一年，希特勒当选了德国总理。她的父母是犹太人，虽已改宗天主教，母亲依然在拜奇三岁那年惨遭一名反犹主义女佣杀害。11 岁那年，纳粹分子又杀害了她的父亲和继母。拜奇告诉采访者，经历了这一切之后，只有数学和计算机能给她“带来安慰”。她说：“人不可预测，但机器不会。机器的结果可以预判。要是结果不符合预期，一定是哪里搞错了！反正不管怎样，机器起码是可控的。”

后来，她在斯洛伐克技术大学获得了电气工程博士学位，又拿到了斯坦福大学为期一年的奖学金，于是道别家人，于 1967 年来到了加州。当时，适逢轰轰烈烈的“爱之夏”运动*蓬勃发展。拜奇回忆道：“我来自无比保守的捷克共产主义家庭，且在某些方面带着天主教的传统。”而就在逛斯坦福校园书店的那天，她才理解自由的意义——在同一个书架上并排摆着三本书：《圣经》《古兰经》和《共产党宣言》。次年，苏联进军捷克斯洛伐克，拜奇选择留在美国，浑然不知再见到家中的两个孩子将是 15 年以后。

那是拜奇头一次置身于不惧怕新思想的环境之中。“可以这么说，整个计算机科学领域那时还穿着尿布，”她说，“人工智能也才刚刚诞生。”之后，拜奇在宾夕法尼亚大学的工程学院度过了三十载。我俩认识时，她已经拿了两个博士学位，分别是斯洛伐克技术大学的电气工程，还有斯坦福大学的计算机视觉和模式识别专业。拜奇现在是美国国家工程院和美国国家医学院的成员，灿若明星。

到了基金会，拜奇很快发现，当项目经理得替自己的学科领域争取经费。物理和工程学科一直占着基金会的大部分预算，所以即便在国会给予基金会的预算增

---

* “Summer of Love”，通常译作“爱之夏”，是 1967 年盛夏的一场盛会，代表嬉皮士文化的巅峰，青年们以“爱”为宗旨，以反战和平权为精神，站在主流文化的对面疾呼。

幅仅有 1.5% 的那几年，他们也能高枕无忧。而计算机科学这些小众领域就颇受影响。拜奇召集了所有项目经理，像大家长似的，温柔地给大家分奶酪、灌葡萄酒，等大家逐渐放下戒备，再向他们推销全领域计算机化的愿景。

我知道，要是把新拿的经费全都分给计算机科学家，肯定会惹人嫉妒。于是我耍了点小手段：把大部分新的经费投给计算机科学和工程，其余的钱全分给别的学科，给大家都配上计算机。这样一来，人人都参与了全领域电子化的浪潮。这招奏效了。每个学科都成了计算机革命的一分子，且没人眼馋计算机科学项目新获得的数百万美元拨款。

另一个应当优先考虑的跨领域学科是数学。它是每个科学学科以及工程学、商业、社会行为科学等领域的通用语言。对像艾滋病这样的传染病，一些最深刻的认知也都源于数学模型。数学还是信息技术革命的命脉。但当时，美国在数学方面的领导地位正在下降。[19] 博士生教育的主要资助来源正是基金会，可数学领域的博士生资助经费年增长率仅 1.5%，低于通货膨胀率。这种状况已持续长达十年。

1997 年，美国国家安全局前局长威廉 · 奥多姆（William E. Odom）中将发布了一份颇具影响力的报告，阐述我国急需更多本土数学家。他跟许多国会议员一样，不赞成我们对移民数学家和前共产主义集团专家产生依赖。我决心在四年内把基金会数学领域的预算翻倍，这一做法最终使得新晋数学博士人数增加了45%。

跨学科目标对我而言尤为重要。我一直把世界看作一块精密编织的拼图，所有学科都是整体的一部分。我希望基金会利用所有的科学工具和方法——无论是数学、物理学、化学、生态学、生物学还是社会科学——揭示自然环境及动植物如何在这复杂的整体系统中相互作用。如何命名这个项目呢？我犯了难。毕竟任何带有“生态学”“整体性”“多样性”或“环境”的词在国会都不受待见。曾有位生物学家抱怨“这玩意儿太复杂”。“那好，”我说，“就叫它‘生物复杂性（biocomplexity）’。”

起名很重要——哪怕生物复杂性这样莫名其妙的名字也比没有好。名不正则言不顺。立法部门需要用它向选民解释这项新计划将如何促进新的产业和就业。此前为了雅观，我们已经改过一个名字：STEMM。“科学、技术、工程、数学和医学”领域的简称起初不叫STEMM，而是叫SMET。但我们搞细菌学的觉得这听起来太像结核分枝杆菌（mycobacte rium smegmatis，通常被称为smet，这种细菌常常跟人类生殖器联系在一起）了，所以重新排了它的首字母缩写。

最后，国会问我什么是生物复杂性。[20]我给他们打了个比方：假如要造一条公路，既要最大限度地造福人类，又要最大限度地降低成本，生物复杂性理论会是最有用的工具。这门学科可以结合该地区流域和地下水位信息、人口增长或减少的普查数据以及地质、植被与动植物等相关细节。“这，就是生物复杂性。”我宣布道。经费到手了。而生物复杂性的理念也在基金会多个部门联合管理的项目中得以延续——这也是基金会全新的管理实践。

••

这场实践游戏名为“共识”。即，我们要帮助所有族裔的女性，同时要提高科学界其他少数群体的数量。

在我入职基金会的十年前，那里曾有一位女士靠一己之力发布了一份备忘录，她称之为“改变世界的手记”。她叫玛丽·克拉特（Mary E. Clutter）[21]，主管基金会的生物学、行为学和社会科学经费，曾两度担任基金会代理副主任。如她所述，这段经历教会了她“想做就做”。因此在 1989 年的一天，她宣布在她主管的三个学科领域内，若某场会议或研讨会无女性讲者，组织方对该状况也未能给出合理解释，基金会则将撤回对该活动的支持。她在接受《科学家》杂志采访时表示:“每场活动都得带上女性，事情就是这么个事情。”克拉特知道这份备忘录不受人待见。据她回忆:“有男的打来电话问‘我可以汇报我老婆的研究吗？这没问题吧？’”时任基金会执行主任富兰克林·哈里斯（W. Franklin Harris）支持她的做法。当时，生命科学领域的女性博士已占到33%。哈里斯给《科学家》杂志的文章里写道:“这些领域的研讨会、集会或者国际大会若请不到称职的女性演讲人实在说不过去。”可悲的是，克拉特的备忘录没能改变局面。她无权强制执行这项决议。若强行去做，势必会跟国会监督员起冲突。他们急着抓所有平权行动的小辫子呢。

十年后，我来基金会做主任，克拉特担任生物科学部助理主任。整个国家在是否要推动妇女和女童进入科学领域问题上陷入了严重的分歧。基金会几十年来默默开展的支持科学和工程领域的女性的计划则陷入法律泥沼。在这种事关重大的紧张气氛中，达成共识似乎是不可能的。

20世纪90年代不同于我们以往经历过的任何时期。我这代女科学家都是孤独的先驱，大家均是克服重重困难，想办法绕过或穿过紧闭的大门。随后的一代在20世纪七八十年代女权运动的压力加持下，成功地推开了一些门。可到了 90 年代，大量女性打开了科学、工程和医学的大门，却发现高级女性教职成员太少，无法当她们的导师或招她们进自己的研究团队。女性提不了正教授，只好再次退出或屈就低级职位。国家每培养一位博士科学家需要耗资 100 万美元，所以一旦有女性博士放弃科研，社会就会损失一笔巨额财富。女性要与白人男性享有平等的就业机会，为此，女性得在科学界建立结构性的权力基础。

尽管很少有选民要求解决这类问题，但国会和白宫的许多共和党人和民主党人都在为之努力。美国没有培养足够多熟练的 STEMM 领域工作者来满足经济建设的需求，我们对他国科学家和工程师的依赖俨然已危害到国家安全。妇女是我们最大的未开发人才来源。2000 年，国会通过了《科学和工程平等机会法》，呼吁政府制订全面的计划，提高 STEMM 中的女性和少数族裔的人数。到当时为止，一切都好。但在那之后，共识破裂了。

随着反平权行动人士在联邦和州法院以及立法机构对各种计划提出法律挑战，基金会意识到自己正顶着法律风险艰难前行。1997 年，来自南卡罗来纳州的数学系研究生白人特拉维斯·基德（Travis Kidd）起诉基金会为少数族裔学生提供某些专项研究生奖学金。我的副手，宾夕法尼亚大学前工程学院院长乔·博尔多尼亚（Joe

Bordogna）[22] 打算上庭应诉。博尔多尼亚和我同为意大利裔美国人，他的父亲过早地撒手人寰，母亲在工厂打工，艰辛地拉扯着家（他母亲给威士忌瓶子粘标签，我母亲以前粘鞋底）。我邀请他做副手的一个原因是我俩都坚信大学文化必须从根子上改起，否则任何族裔的女性以及非裔美国人、拉丁裔等少数族裔永远难以被聘用、留用或提拔。然而，司法部的律师告诉我们基金会肯定会败诉，而这将危及我们其他所有针对女性和少数族裔的项目，包括“女童 STEMM 营地”和对个别女性科学家的资助。无奈之下，基金会同意和解，并分别向基德和他的律师赔付 14400 美元和 81000 美元。高校的法律顾问们如临大敌，纷纷警告学校不要提“种族”或“性别”这两个词。而负责监管联邦资助教育中妇女平权情况的四家政府机构中有三家停止维护第九条。

那一刻，我想起了40年前我刚工作时女性面临的法律障碍：州法律和大学条例禁止为女性提供平等的就业和参与培训的机会。前进之路再度受阻，我们只能再走一遍过去的路：设法绕过、越过或钻过障碍。但我一筹莫展。

我集结了一个特别小组，成员们都是基金会项目主任。我告诉大家，我想把提高学术科学界的女性地位确立为全国性的优先事项，这就需要转变大学的男性至上文化，为此我们必须找到合法的路子。“拜托大家想想办法。”我说。[23]

他们想到了。

解决方案其实很简单，就是设个新的奖学金，男性和女性都可以竞争这个奖学金（某位高校的法务戏称其为“一碗水端平”[24]）。申请条件是其研究目标能提升科学界女性助理教授、副教授或正教授的地位，并改变所在高校的文化。（我原本希望把博士后研究员也纳入该项目，但并非所有学科都设有博士后，所以这部分只能取消了。）该项目资助的金额巨大，五年内每笔拨付 200 万到 500 万美元不等。

但这笔补助该如何评定发放呢？[25] 在共事的六年间，我和博尔多尼亚小吵不断。他也说了——“谁让我们都是意大利人！”但我们只大吵过一次，就是在这事儿上。作为前院长，博尔多尼亚认为任何一位院长、教务长或校长都会迫不及待地进行改革的。而我与大学管理人员打交道的经验则告诉我，他们不会。我认为，给予大量杰出的女性科学家巨额资助可以让存在偏见的学术管理者明白：女性也能把科研做得很出色。最终，我俩各退一步，把款项一分为二：一半给女性个人，一半给高校的高级管理层。我们把项目命名为“进步奖”（ADVANCE），并将其与别的项目整体打包为“21 世纪劳动力”（21st Century Workforce）计划。国会对此喜闻乐见。项目负责人艾丽丝·霍根（Alice Hogan）又出了个主意：让每位校长、教务长或院长（几乎清一色全是男性）亲自在协议上签字，对结果负责。起初我对此持怀疑态度，但几年后，我悄悄放下了直接大笔资助女科学家的念头，因为，显然博尔多尼亚的计划更成功。

2001 年至 2018 年，基金会投入了 2.7 亿美元，与 100 多所高等教育机构签订合同，设计各类项目，解决女性在科学、技术、工程和数学领域遇到的具体问题。并非所有高校在进步奖项目上都做得很好，但到 2011 年，第一批的 19 所大学在给女性雇员更公平的薪资待遇、提拔更多女性高管，雇用更多初级女教职人员以及提拔更多女性担任正教授等方面有了长足的进步。根据基金会科学资源统计司的数据，该计划最令人欣喜的结果是美国女性正教授的人数在这段时期增加了 8939 人。如果按我最初的设想来实施，女性正教授最多只能增加 540 人。博尔多尼亚的方式更快、更高效，直到今天仍然如此。还好他坚持己见。

••

要实现真正的大变革，我们还需要外援。初任基金会主任时的一天，我和纽特·金里奇开会时对他说：“金里奇议长，基金会的预算必须翻倍，真得翻倍。”[26]

“考威尔主任，我不赞同。”

我的心一沉，完了，不妙。

想不到他紧接着说道：“应该翻三倍。”博尔多尼亚在另一次委员会会议上也听参议员约翰·麦凯恩（John McCain）说过类似的话。[27] 此外，前宇航员、参议员约翰·麦凯恩后来还曾向国会委员会作证，称基金会的预算应该“增加五倍”。

参议员米库尔斯基和密苏里州的共和党参议员基特·邦德（Kit Bond）准备携两党共同努力，大幅提高基金会的预算。我们拿出意欲支持的重点新学科清单，包括数学、计算机科学、生态学和女性项目，开始向国会议员介绍每一个领域。（我使用“介绍”一词是因为机构“游说”国会是违法行为，我们只是“告知”国会成员我们想要做什么。）

自从当上基金会主任，我一直是个“两党派”，并愿意冲锋陷阵，亲自跟国会打交道。但基金会的法务部并不赞同。过去，主任们从不去国会山谈钱。但当我发现法务部竟在不知会我的情况下与国会助手商讨预算协议，便坚持亲自上国会发言。

在国会大厅走动时，当年在马里兰州议会的时光仿佛重现。国会变得文明些了——议员们不再在听证会上大嚼午餐——但陈旧的低级偏见仍然存在。我站在博尔多尼亚身边作证时，一些议员和他们的男助手直接绕过了我，只向他提问。不过我遇到的政客——无论来自哪个党派——大都是善意的。此处给我的经验是，科学家得动点脑筋，花点精力，确保本州的国会代表来参观当地的高校和相关科研机构，以提高代表们对机构所做科研的认同。当然，友善和尊重也很重要。把人际关系搞好——说白了就这么回事儿。

最终，我还是没能把基金会的预算增多一倍，但的确努力提高了63%。[28] 我们将这笔额外的资金用于富有成效和与社会发展相关的项目上，包括计算机、学生补助、数学、女教授、大规模的物理学和天文学项目（其中一个项目证实了爱因斯坦的广义相对论）、一架用于高空研究的新飞机以及地震研究中心。我确信，在我任期的头两年里，就职于白宫科技政策办公室的前任基金会主任尼尔·莱恩是我们预算成功增长的关键。我本希望做得更多，但截至本书撰写时，那段时期仍然是基金会历史上最快的预算增长期。

与女性谈论科学职业时，我总是提到政府机构中为女性科学家提供的岗位。因为除非女性可以像男性一样经常担任政府机构的领导职务并在国会和州议会任职，否则真正且可持续的变革难以生发。科学和工程会继续受到影响——美国的民众亦然。这一点是我担任一个调查国家生物恐怖主义防御的委员会主任时清楚意识到的。这个经历将改变我的一生。

第七章

炭疽信疑云

我出席了中情局情报科学委员会的会议。该委员会于“9·11”事件后成立，旨在为国家情报总监提供独立的科学建议。由于会议涉密，我不能详述其议题。但我可以透露，我费尽了口舌，也没能劝服其他成员关注细菌和病毒等生物制剂的隐患。一些生物制剂可能比炸弹和爆炸更致命。一旦释放，它们就会大肆生长与传播。

委员会的成员几乎全是男性，大多数是斯坦福和藤校的工程师、物理学家和化学家。起初，我是那里唯一的生物学家，也是为数不多的女性成员。我的身份既是国家科学基金会前主任，也是生物恐怖主义专家。那些男士并不粗俗，他们都很亲切、敬业。他们只是不关注我，因为我跟这些老同志不是一伙的。即使后来又来了两位生物学家（都是女性），并且专门开了讨论生物威胁的特别会议，我们也无法说服大家对生物恐怖主义提起十二分警惕。

本书中有很多例子都与上面的情况相似，女性的声音往往不被听到，或者她们不能坐上讨论席，也不被允许成为领导者。这样的情况不胜枚举。而本章要讲述一个很不一般的例外情况。

在下面这个故事中，我掌握了主动权。可能也只有在紧要关头才会发生，反正我只遇过这一回。但连我自己也没想到，自打参加工作以来，我所做过的一切都在不知不觉地为 2001 年秋天那场引发全国恐慌的炭疽病毒信件作准备。我全部的职场经历将我带到了那个时间节点。在长达七年的炭疽源头调查中，我从未因不知道该怎么做或做什么而感到无措。我只记得内心始终有个平静的声音说："深思熟虑，有条不紊地行动。"我们的团队由来自不同背景的男性与女性组成，大家彼此倾听，共同努力。也多亏了彼此不同的观点，我们成功解决了这个威胁国家安全的极其复杂的问题。

为了把这个故事说清楚，咱们得从头说起。

••

我跟美国情报界（由17家政府情报组织构成，其中最知名的是中情局）的联系始于20世纪70年代初，那会儿我还在乔治敦大学做副教授。我当选为几个国际生物学组织的主席。这些组织在种族隔离时期的南非、柏林墙推倒前的捷克斯洛伐克和其他政治特殊地区开过会，因此我给科学期刊写过一些文章，介绍了当地的科研情况，从而引起了情报界的注意。我的霍乱研究也引发了他们的关注。中情局对干旱和流行病等环境问题感兴趣，因为这些问题曾引发大规模的政治动荡。20世纪80年代到90年代，霍乱是遍及南美洲和中美洲的一大问题。而此前，这些地区已有一个世纪没有遭遇过严重疫情。

我由霍乱的研究联想到了另一件事，恰好也是中情局感兴趣的：某些人，会不会想在某处，故意使用微生物害人？因此我认为联邦政府应该着手研究生物武器、生物事故和生物攻击的应对。我担心有人把合法的科研用于军事目的或危害社会。

20世纪90年代末，我找到了化学家、中情局首席技术官约翰·菲利普斯博士（Dr. John R. Phillips，不久后，他便成为全美情报界的首席科学家）：“有没有专门应对生物恐怖主义的委员会？”他回答说目前没有，我紧接着问：“不设一个吗？”[1]

但一连几个月过去，我们倡导的建立病原体数据库的努力似乎没能取得多少进展。起码我们自己是这么觉得的。然后就到了 2001 年 1 月，有消息传来，出色的科学家、行政官员菲利普斯博士已从国会申请到了经费，开始实施一项重大的研发计划来对抗化学和生物恐怖主义。我很高兴受邀加入该项目的咨询委员会——虽然我们小组的首次会议还要等上九个月。[2]

与此同时，一些可怕的事情正在悄然逼近。

••

2001 年 9 月 11 日上午 8 点 45 分，我正在弗吉尼亚州阿灵顿的国家科学基金会办公室，一名工作人员冲了进来，说一架飞机撞上了纽约世贸中心其中一座双子塔。打开电视，我们目睹第二架飞机撞上了另一座塔，才意识到这不是意外事件。一小时后，我们得知第三架被劫持的飞机坠毁在五角大楼，离我们的办公室仅十分钟车程。同时，第四架飞机正从宾夕法尼亚上空飞向白宫。和许多美国人一样，我感到深深的无助，这事太不真实了。

三周后，10 月 5 日，星期五，生物恐怖主义委员会在中央情报局总部召开了第一次会议。由于全国因“9·11”恐怖袭击保持高度戒备，我们就化学与生物恐怖主义以及防御措施进行了为期两天的、紧张但非正式的研讨会。虽然会议内容至今仍然保密，但会议富有成效。然而，真正给我留下深刻记忆的是我事后听说的一些事情。

一则新闻稿带来了令人不安的消息：佛罗里达州一男子罗伯特·史蒂文斯（Robert Stevens）死于吸入性炭疽。这是一种凶险的肺部感染病，会迅速蔓延全身，致死率极高。这是美国自 1975 年以来首例炭疽病例，也是 20 世纪仅有的第 18 例。整个委员会都很了解炭疽芽孢杆菌，通常简称其为炭疽病。大家猜想史蒂文斯所得的炭疽病来源有三种可能性：某个无赖的民族国家，某个本土恐怖组织，或某个疯子。结合时间背景——“9·11”事件刚过不久——我和许多参会者和政府人士猜测是基地组织企图在制造对世贸中心和五角大楼的空袭后，继续用生物战攻击美国。[3]

这一猜测不无道理。参与“9·11”事件的一些恐怖分子曾在佛罗里达州生活过或在那里学开飞机，所以把佛罗里达的居民选作首个生物恐怖主义受害者也说得通。而且，炭疽的孢子在自然环境中很好找，可以在实验室中大规模生产，且可以在环境中存活几十年甚至更久，因此曾在第一次世界大战期间被用作生化武器，也是恐怖分子最可能采用的一种生物制剂。[4]政府一直很担心“9·11”事件可能包含生物恐怖主义，因此每小时都会对五角大楼周围的空气进行采样，并进行炭疽杆菌检测。

总统得知史蒂文斯的病情后，认为这是一桩生物武器袭击事件。卫生官员迅速在公开场合向国民保证不必担心。卫生与公众服务部部长汤米·汤普森（Tommy Thompson）在国家电视台上六次声明，称史蒂文斯的疾病显然是“孤例”。汤普森暗示史蒂文斯可能是在北卡罗来纳州徒步旅行时喝了溪水才得的病。这个说法显得政府没头没脑——甚至很无知。稍微了解一下炭疽杆菌的生命周期就会知道为什么这么说。

••

炭疽主要感染大型食草动物，比如牛、绵羊、山羊、猪、象，在加拿大北部还包括野牛。[5]炭疽芽孢杆菌大部分时间都以休眠状态存在于土壤中（类似冬眠），包裹在坚硬的孢子外壳中躲避各种外部侵害。动物在地里吃草，会把躲在土里的孢子吸进肺部。孢子外壳在营养丰富的动物体内破裂，释放细菌。随后，细菌爆发式繁殖，进入血液循环，摧毁动物的免疫系统。即使是健康的动物也可能在两三天内死于炭疽病。等尸体腐烂或被食腐动物拆解后，炭疽细胞会喷向空气。在缺乏营养的情况下，它们会迅速再次休眠。在这样休眠和感染的循环中，它们可以存活几十年，甚至数百年。

通常，人类会因直接接触被感染的动物或动物制品而感染炭疽杆菌。如果皮肤破损并接触被感染动物的不洁皮毛，可能会感染皮肤炭疽。这种炭疽病相对较轻。食用染病的肉类则会引发严重感染，甚至危及生命。最可怕的是吸入性炭疽，罗伯特·史蒂文斯就是死于这种形式。目前，吸入性炭疽的感染致死率高达90%。现代社会强大的公共卫生系统可以给牛羊接种疫苗并立即焚烧所有受污染的尸体，由此西方国家的人类炭疽病已经消灭。我们已经能用现代抗生素及时、积极地治疗，此举能够挽救过半的炭疽病患者。

作为国家科学基金会首位微生物学背景的主任，我想我可以利用自己独特的专业知识解决这个问题。作为微生物学家，我的所有经验表明，史蒂文斯的死绝非意外——除非明确导致他死亡的细菌基因组成，否则永远找不出杀害他的凶手（或“凶菌”）。此外，基因测序必须尽快进行，以免实验室操作无意中改变细菌的DNA。

由于基金会资助大量科研项目，我们的工作人员熟悉各相关领域的顶尖研究人员，而且能够动用独一无二的知识资本。但这次对基金会来说是新领域，犯罪调查不是我们的活儿，这归美国联邦调查局管。但我们没准能借助遗传科学确定凶手使用的确切生物武器。

我立即向约翰·菲利普斯和情报界告知基金会所能提供的专业知识。他没有客套，欣然接受。早在“9·11”事件之前，我们就合作过。菲利普斯、中情局的琳达·扎尔和我一直在协作解密数千张“冷战”时期间谍卫星所摄的北极海冰照片。这些照片为了解气候变化提供了惊人的早期证据：它们显示在 1979 年至 2013 年，北极冰层缩小的面积相当于两个得克萨斯州。[6] 我跟菲利普斯还创建了一个项目，利用中情局雄厚的财力公开且不带附加条件地资助基金会无法独自承担的科学项目。1998 年，我们共同为谷歌的创始人拉里·佩奇（Larry Page）和谢尔盖·布林（Sergey Brin）提供了第一笔资助。当时他俩还是研究生，正在开发一种搜索引擎，用来链接和排名互联网上的网页。

“9·11”事件后，我觉得中情局肯定需要卓越的科学知识来善后，于是邀请菲利普斯在我的办公室与 20 到 25 名基金会项目经理会面。[7] 菲利普斯和他的科学团队（顺便提一下，其中一半是女性）一直在“高糖状态”下夜以继日地工作，每天都被他妻子烤的饼干环绕。大量信息源源不断地涌入美国，科学家们正在评估它们对总统和国家安全委员会的重要性。基金会可以帮助菲利普斯与顶尖的研究人员建立联系。

菲利普斯一来，我就问他："需要我们做什么？"他则问了每位项目经理同一句话："您正在处理哪些问题集？"接下来的两个小时里，每位项目经理都汇报了手头正在处理的内容。而当菲利普斯听闻其中一位说"我在做 KDD——知识发现和传播"时，表现出十足的兴趣。这能帮助分析员快速发现不同数据源中的信息。

与此同时，菲利普斯向联邦调查局转达了我提供帮助的意愿。真不敢相信，联邦调查局在 2001 年时只有两名微生物学家，而且没有任何设施可识别细菌或病毒的整个基因内容。[8]这对于生物恐怖主义的防范来说显得相当薄弱。他们可能觉得，靠给细菌的整个遗传物质测序来破案太不可靠了。

不过基金会知道哪些科学家最擅长给细菌 DNA 链上每一对核苷酸测序，而且联邦调查局已经资助了许多这样的科学家。因此，我们两家单位达成了特殊合作关系。我们将给对方分享所掌握的任何科学知识，而对方将尽可能密切地保留其刑事调查的细节，以备日后在庭审中使用。在接下来的七年里，政府科学机构、中情局、联邦调查局和司法部之间的合作非常出色。甚至到后来，我的办公室里装了一部直通中情局的红色电话，以备不时之需，就跟电影《007》似的。

基金会与中情局、联邦调查局开展合作时，白宫和国会正在了解生物战争造成的严重威胁。[9] 前白宫新闻秘书阿里·弗莱舍尔（Ari Fleischer）记得曾经与乔治·布什一起坐在椭圆办公室里接收了“最可怕的简报”，内容关于炭疽病的传播方式以及我们无法抵御其大规模袭击的事实。一位内阁官员证实了众人多年来争论不下的观点：美国对生物袭击“毫无准备”。总统和第一夫人都被建议服用环丙沙星，这是美国食品药品监督管理局批准用于治疗吸入性炭疽的三种抗生素之一。（当时我们了解到，只要有三座美国城市被同时喷洒炭疽杆菌，给平民的环丙沙星就不够用了。）

生物袭击一旦发生，我们没有全国性的战略体系组织防范措施。军方的科学顾问几乎只接受过工程或物理学的培训，专注于核弹和其他爆炸物的威胁。他们习惯于操心放射物，却对可能在几周内致使成千上万民众死亡的流行病毫无经验。他们完全不理解核弹与装有炭疽杆菌孢子的武器的破坏力不相上下。而对单枪匹马的恐怖分子来说，炭疽武器比炸弹好做得多。[10]

后面几年，我利用在中情局情报科学委员会的职位尽力帮国家作好准备，应对各种可能的袭击——如果只关注传统威胁，就只能找到传统威胁。不过 2001 年 10 月，我的首要任务是追查发起生物袭击的真凶。

• •

炭疽带来的科学问题非比寻常且极其棘手：在世界某个地区发现的炭疽杆菌与其他地方发现的炭疽杆菌之间的遗传差异很小。[11] 大多数细菌会随着生物体适应新环境，随着时间的推移发生突变。但炭疽杆菌在其生命的大部分时间里都处于假死状态，此时它不会复制自己的 DNA。此外，炭疽病一旦发作，就会在短时间内致命。从休眠到活跃再到休眠的过程进展迅速，因此变异很少见，且难以发现。

我觉得只有科学家奎格·文特尔（J. Craig Venter）、克莱尔·弗雷泽（Claire M. Fraser）的团队能找出这些差异。同年早些时候，文特尔和国立卫生研究院的弗朗西斯·柯林斯（Francis Collins）发布了人类基因组的测序，《科学》杂志称赞克莱尔·弗雷泽是“微生物基因组学当之无愧的全球领军人物”。[12] 我和弗雷泽都认为必须进行全面测序——确定细菌 DNA 中每个核苷酸对的顺序——才能获得完整的分子指纹，将两种病原体区分开来。

那是 2001 年的秋天，测序还十分昂贵、耗时。多数研究人员只将细菌 1% 的 DNA 测序，并假定这一小片段能代表整个细菌的DNA。不过，我们不需要从头开始。非营利研究机构基因组研究所已完成了生殖支原体和流感嗜血杆菌这两种细菌的完整基因组测序，并且正在考虑测序包含炭疽杆菌基因密码的500多万个碱基。

得知史蒂文斯死讯的那个下午，我匆匆赶回办公室，准备给基因组研究所的负责人弗雷泽打电话。然而，我的处境很微妙。从法律上讲，国家科学基金会主任不能向研究人员提供资金，我们的专家必须彻底审查每份拨款申请，再决定是否批准。为了确保通话的私密性，我一直等到下午6点后才给弗雷泽打去电话。事前我已仔细咨询了基金会法务，因此在电话里建议弗雷泽向基金会提交对炭疽杆菌菌株进行测序的申请项目。不出一两周，我们就能完成公平审查，迅速拨付紧急资金，而无须等上几个月。

怪我过于谨慎，她根本没懂我的意思。弗雷泽和许多看了白宫秘书汤普森的新闻发言的国人一样，认为史蒂文斯的死是“一次疯狂的孤立事件”。[13] 所以整整一周我都在苦等那份不会送来的项目申请。

••

在那段煎熬的日子里，整个国家对史蒂文斯和他感染的疾病有了更多了解。史蒂文斯曾是《国家询问报》

和《太阳报》这两家花边小报的图片编辑。10 月 2 日上午被送进医院时他几乎丧失了意识，无法说话。医生判断他得了细菌性脑膜炎，给他做了脊椎穿刺以进行确诊。实验室技术人员请来医院的传染病专家拉里·布什（Larry M. Bush）[14] 博士紧急会诊。布什博士在显微镜下检查脊液时看到了一串疑似炭疽的细菌。

布什博士此前从未见过炭疽病例。但他当时在《美国医学会杂志》上读到了关于各种大规模杀伤性武器的文章。那时有关炭疽病的担忧已经传开，[15] 因为有报道称伊拉克有一个生物武器项目，并且俄罗斯斯维尔德洛夫斯克的一家生物武器工厂的炭疽孢子不慎泄漏，导致工厂下风 2.5 英里处 66 人死亡。

《美国医学会杂志》的炭疽病文章附上了该细菌的彩色照片，布什博士觉得它跟史蒂文斯脊液中的细菌相同。由于斯维尔德洛夫斯克事件的前车之鉴，疾控中心通知了联邦调查局。佛罗里达州的电视新闻很快放出了联邦调查局特工穿着防护服在史蒂文斯的工作场地收集证据的画面。特工在他的电脑键盘、办公桌和大楼的收发室里发现了含有炭疽孢子的白色粉末。两名收发室员工检测出炭疽阳性，后来二人经过治疗均已痊愈。据推测，史蒂文斯与同事可能是从邮寄的信封或包裹中接触到孢子的，但这些信封或包裹一直没找到，该公司习惯焚烧办公废品。

突然，10月12日这一天，就在史蒂文斯去世一周后，事情有了戏剧性的进展。纽约市的一位办公人员[16]打开了寄给NBC新闻主播汤姆·布罗考的信封，里面有白灰色的粉末和一份用大写字母写的不具名复印件，且有拼写错误：

> 轮到你了
>
> 快吃点“盘尼西林”吧
>
> 美国该死
>
> 以色列该死
>
> 真主至上

三天后，华盛顿特区的参议院多数党领袖汤姆·达施勒（Tom Daschle）办公室里年轻的女实习生格兰特·莱斯利（Grant Leslie）打开了一封类似的信。她立马想到可能是炭疽杆菌，赶紧打电话求助，并小心翼翼地将信封放在一臂远的地方。她的快速行动保存了足够的粉末进行广泛检测。哈特参议院办公楼内超过625名可能暴露于炭疽孢子的人排队接受鼻拭子采样，部分人还服用了抗生素。这次迅速行动可能挽救了若干性命。

接下来几天，炭疽信更多了。[17]其中一封寄给了《纽约邮报》，另一封寄给了参议员帕特里克·莱希（Patrick

Leahy）。莱希的信原封未动，里面有将近一克孢子，足够做全面分析。所有的信都是由美国邮政服务投递的，这些信改变了一切。至此，可以确定史蒂文斯是被蓄意杀害的，我们的对手是恐怖分子。

弗雷泽一意识到危机的严重性，基因组研究所就申请了经费。[18] 基金会在一周内批准了申请，这对联邦政府来说堪称神速。10 月 26 日，也就是史蒂文斯的病症发生三周后，克莱尔·弗雷泽和她的主要合作者蒂莫西·里德（Timothy D. Read）获得了资金，用来"对佛罗里达州分离的菌株进行测序，然后将之与其他菌株进行比较"。这是首次有人尝试比较一个细菌物种的两个或多个菌株的整个基因组。基因组研究所的请款促成了两个快速发展的科学领域相结合：比较基因组学和法医微生物学。

在经费到位的前一天，美国人接到了更令人震惊的消息。国土安全部部长汤姆·里奇（Tom Ridge）[19] 在新闻发布会上透露——或许是无意的——信件中的炭疽来自一种名为埃姆斯（Ames）的菌株。也就是说，那些炭疽粉末并不是基地组织制造的，而是很可能源自美国本土——可能是从某个军事研究实验室来的。而联邦调查局自史蒂文斯住院以来就知道这事儿。

当国家疾控中心告诉联邦调查局佛罗里达州有一起炭疽病例时，联邦调查局特工立即从史蒂文斯的脊液中获得了样本。特工们随后询问保罗·杰克逊（Paul L. Jackson）[20]下一步该怎么办。后者是洛斯·阿拉莫斯国家实验室的炭疽杆菌遗传学权威。

“把菌株找到，”杰克逊回答道，“可能有人蓄意谋杀，我是说，是人类干的。”史蒂文斯死于炭疽病的说法并不准确。

杰克逊记得，自己当时曾遭到“一些反对”，但联邦调查局立即采纳了他的建议，把史蒂文斯的脊液样本送到两位顶尖炭疽专家那里作比对，分别是北亚利桑那大学的保罗·凯姆（Paul Keim）和亚特兰大疾控中心的坦雅·波波维奇（Tanja Popovic）。[21]

次日一早，凯姆和波波维奇的反馈令人不安：史蒂文斯的病似乎是由名为埃姆斯的菌株引起的，而它又是从马里兰州某陆军研究实验室培养出来的。

“该死！”杰克逊骂道。

••

里奇局长在10月25日宣布了这一消息。细菌学家都很了解埃姆斯的由来。

1981年，得克萨斯州南部一头14个月大的小母牛死于炭疽感染。从它器官中提取的细菌培养物被送往马里兰州弗雷德里克的德特里克堡美国陆军传染病医学研究所。那里的科学家确定了小母牛的炭疽菌株毒性极强，非常适合测试炭疽疫苗的功效，包括一种后来在第一次海湾战争期间给美国士兵接种的疫苗。由于小母牛的样本装在了标有“埃姆斯，艾奥瓦州”的盒子里，“埃姆斯”这个名字就此沿用至今。

听到这个消息，我本该松口气才是。正如克莱尔·弗雷泽所说，“既然菌株是从实验室来的，我们就不必满世界找那铲被污染的泥土了”。否则还得去自然界找炭疽杆菌，再跟我们的菌株相比较。然而从另一方面来讲，埃姆斯的现身使得史蒂文斯的死比谋杀看起来更糟糕，俨然上升到了国家安全危机层面。一位专家说，世界各地（确切地说是“到处”）都有实验室保存着炭疽杆菌埃姆斯的样本用于研究。

埃姆斯无疑又带出了一个重大的科学问题。2001 年那会儿，没人——真的没人——知道杀死史蒂文斯的埃姆斯孢子是从哪个实验室来的。科学家们的共识是每个埃姆斯样本都表现得完全相同，实验室所做的一切都无法改变炭疽菌株。所以，寄出埃姆斯包裹的人肯定知道用这个难以追踪的凶器可保万无一失。

我们只得设法区分各个实验室保存的埃姆斯样本。这不只是大海捞针，更是要创造一门新的科学。这可不好办。

• •

理论上，细菌繁殖时会产生两个完全相同的副本。但现实中，自然变异是可能的。即在实验室让细菌保持活跃数月或数年，任由其不断地复制，给它多次出错的机会——也就是突变。若干年前，我的博士论文方向是研究细菌培养物，曾见过细菌在实验室培养数月或数年后改变了形状或外观，要么失去或获得了发酵乳糖的能力，要么改变了其他代谢特性。在处理了几十种细菌和菌株后，我发现一个明晰的模式：每次永久性变化都伴随着生物体 DNA 的变化。也就是说，如果不马上给史蒂文斯的原始炭疽菌株做全测序，最终测得的可能会是实验室诱导过的变体。弗雷泽必须尽快着手处理埃姆斯的样本。

参议员莱希、达施勒和《纽约邮报》收到的信件陆续曝光，联邦调查局局长罗伯特·穆勒三世（Robert S. Mueller Ⅲ）请我去他的办公室，想听听我对信件中炭疽粉末的高分辨率图像的看法。无论是寄到纽约、华盛顿还是佛罗里达的粉末，都对炭疽测试呈阳性，且全部源自埃姆斯菌株。虽然他们没说样品的出处，但我早期在乔治敦大学跟电子显微镜专家乔治·查普曼合作过，知道这些粉末肯定是分两批生产的。第一批孢子上面沾了许多外来物质（我后来了解到它们来自寄往佛罗里达州和纽约州的信封）。第二批孢子干净、锐利、轻盈、蓬松，显然十分纯净和强大，它们被寄到了纽约其他地方和华盛顿特区，感染的受害者更多。这种精制的孢子表明装填信封的人既有实验室经验，也拥有大学、工业或军方运营的研究机构独有的设备。

联邦调查局的研究很快确定，埃姆斯毒株并非像此前所传言的曾被送去“各地”的研究机构。海外仅三个地区存有埃姆斯样本：英国、加拿大和瑞典。[22] 这样一来，基地组织的嫌疑更小了。2002 年 2 月 9 日，联邦调查局向公众发出了征集信息的通知，给出的嫌疑人画像表明此人形单影只，是个单身成年男性，可以接触到炭疽杆菌，且具有加工炭疽的专业知识、技能和实验室。对埃姆斯略知一二的人都有嫌疑。俄亥俄州哥伦布市巴特尔纪念研究所的迈克尔·库尔曼（Michael R. Kuhlman）[23] 博士当时曾主动提出为联邦调查局特工提供粉末气溶胶特性的技术教程，却遭到了婉拒。“您好像还没明白，”特工告诉库尔曼，“你们现在都是嫌疑人。”

但我们并不知道，该事已有了第一个突破。

••

史蒂文斯去世两周后，美国陆军传染病医学研究所技艺精湛的高级文职实验室技术员特蕾莎·“特里”·阿布希尔（Teresa “Terry” G. Abshire）[24]说她已经看过“无数”埃姆斯培养物，正在培养从汤姆·布罗考收到的信里发现的粉末细胞。她在十几个培养皿上放置了琼脂和孢子，把它们置于与活体动物体内相近的温度环境中。在此条件下，细菌可以突破保护层，准备好分裂和繁殖。通常，培养皿里的琼脂会在24小时内隆起一块灰白色的炭疽杆菌细胞集落。但阿布希尔要分析的样本太多，有点忙不过来，以至于过了48小时才去查看布罗考的样本。按说营养细胞在生长周期的后期会呈现出不同的形状和特性，但这批细胞和预想的看起来不一样。有个菌落特别奇怪：哪怕不用放大镜，也能看出它比往常的灰白色更深。

阿布希尔拿不准这是不是污染物，便做了一连串测试，以确认这个奇怪的浅褐色细胞堆是否为纯炭疽杆菌。结果的确如此。导师建议她去请教微生物学家帕特丽夏·沃瑟姆（Patricia L. Worsham），后者正在研究炭疽芽孢形成的不规则菌落。两位女科学家从布罗考样本中提取了更多粉末做测试，果不其然，这种粉末每培养达48小时或更久，就会出现奇形怪状的浅褐色菌落。

沃瑟姆和阿布希尔又培养了参议员达施勒和莱希以及《纽约邮报》收到的粉末孢子，发现了相同的奇怪变种。然后，她们又发现了更多具有不同特征的变种菌落。这项工作十分艰苦，极其考验耐心，谁都不该轻视这两位训练有素的女性的奉献与智慧。在对粉末进行实验室处理之前，她们立即保存了这些变体。沃瑟姆和阿布希尔很快发现了这些奇怪之处，她们认为信件寄出时，炭疽粉末就可能具有这些特征。这是人们在得州奶牛的原始炭疽杆菌和导致史蒂文斯死亡的细菌之间发现的首个差异。

沃瑟姆取出这些奇怪的细胞集落，将其纯化，并反复转移到新鲜的琼脂板上。果然，菌落形状和颜色的差异是真实的。由此，到 2001 年 11 月底，距史蒂文斯去世不到两个月，调查人员就知道了不同实验室的埃姆斯样本可以区分开来。

我们由此掌握了确凿的证据。但我们知道，仅凭两名调查人员靠肉眼区分“浅褐色”和“灰白色”细菌作为法庭证词，招架不住交叉询问。我们必须将这些可见的变化与特定的基因改变联系起来。

••

坏消息一再传来。到 11 月 21 日，又有四人死亡，两名邮政员工、一名纽约医院员工以及康涅狄格州的一位 94 岁的妇女，这位老人的邮箱被未知来源的炭疽污染。（后来查出，邮政部门的高速信件分拣机用力过猛，导致粉末通过信封的孔隙散逸在空气中，感染了其他邮件。）无论是寄往纽约、华盛顿、康涅狄格还是佛罗里达的粉末都对炭疽检测呈阳性。公众关心的大都是媒体和国会的收件人，但大多数吸入性患者都是在工作中接触信件的邮件处理员。由于高度警觉、抗生素的使用和重症监护室中的积极治疗，11 名吸入性炭疽受害者有 6 人幸存。另有 11 人感染了皮肤炭疽，也都幸存了下来。

从史蒂文斯被诊断出患有炭疽病到 11 月下旬，大约有一万人因疑似接触炭疽而服用抗生素，一栋栋办公楼因此封锁、消毒。白宫科技政策办公室主任杰克·马尔伯格（Jack Marburger）领导成立了一个跨部门小组，迅速制定方案，要求邮局用辐射对少部分邮件进行消毒。谣言、恶作剧、威胁和恐慌一时甚嚣尘上，华盛顿居民建立起若干炭疽安全室，戴起乳胶手套和口罩拆邮包。《华盛顿邮报》专栏作家理查德·科恩（Richard Cohen）写道："我们感到恐慌。"[25]

此等危机当前，你是不是认为政府肯定会制定程序，尽快召集最优秀的科学人才来共同解决问题？实际上并没有。不过，越来越多熟悉人类基因组计划的生物学家赞成应对所有最危险的微生物病原体进行全面测序，包括炭疽在内，以防范潜在的生物恐怖主义。我曾参与的跨机构委员会一直敦促政府这样做。

对生物体的 DNA 测序属于美国国立卫生研究院的职责范围，该机构当时已经在测序人类基因组和传染性病原体基因组方面大量投资，并计划对生物恐怖主义病原体进行测序，包括多种炭疽菌株。因此，在史蒂文斯去世后不久，我与卫生研究院的过敏和传染病研究所所长安东尼·福奇（Anthony Fauci）博士通了电话。我们一致同意要尽快测序从史蒂文斯身上分离出的炭疽。

于是，一支刚解散的白宫特别任务专班匆忙重组。[26] 这个专班一明确目标为测序细菌病原体，我就兴高采烈地重新加入了。专班的首次会议定于 12 月 18 日晚上。通常，跨机构会议必须经由科技政策办公室批准，但主管人类基因组计划的能源部领导阿里·帕特里诺斯（Ari Patrinos）[27] 深知时间不等人。这位能人雷厉风行，思路清晰。他无视规定，邀请了卫生研究院、国家科学基金会和能源部的相关人员参加了会议，越过了正常流程。

我们希望这个炭疽工作专班能够调动全国的资源找到变种炭疽的来源，但我们还有个更宏大的计划——为国家应对危险的流行病或未来的生物袭击作好准备。首次会议在福奇的会议室召开，大家迅速达成共识：国家需要建立一个病原微生物基因信息数据库。每条 DNA 链上的每个核苷酸都必须测序，仅依赖于少数几个样本区域是不够的。若没有完整的基因信息，卫生官员将把宝贵的时间耗在查明流行病、袭击、事故、犯罪和恶作剧的生物学原因上。此外，只有完整的测序才能获得经得起法庭推敲的铁证。

帕特里诺斯很满意。在紧张的会议期间，他记着两份笔记：一份用英文，边上的人能越过他的肩膀瞥到些只言片语；另一份则是用他的母语希腊语写的秘密日记，只有他自己看得懂。会后，帕特里诺斯用希腊语写道，他对会议结果感到欣慰至极，未经上级许可而冒险开的这场会值了。

然后这事儿就没了下文。

我焦急地等了一周左右。时间在流逝，本可以开始分析杀死史蒂文斯的炭疽 DNA 了呀。我又给福奇打了电话。

“这么着，这事儿我来管。”我说。

“行！”福奇说。他委派过敏症和传染病研究所出色的基因组学科学家玛丽亚·乔瓦尼（Maria Giovanni）做他的联络人，杰克·马尔伯格不久后也指派了瑞秋·莱文森作为白宫的联络人。（细心的读者会发现，我们尽力让女性科学家主导这些工作。）一挂电话，自“9·11”以来的无力感消失了。我有事儿干了。我知道什么是当务之急，手头也有行动资金。我终于可以干点实事儿了。

我要拉一个跨部门专家团。这些专家得有经费支配权和对人类基因组测序工作的“亲身”知识。他们的职位得足够高，能为自己的机构说上话，但又不能太高。大多数机构负责人对测序了解多少？不多。

我随即想到这个组织不能作为正式的委员会存在，否则就要受《信息自由法》的约束。我们必须保持非官方的性质，“打枪的不要”——安静地、秘密地、非正式地运行。超过 17 家机构的领导可能会发现各自的基因组专家每周五下午都会缺勤一小时，但任何地方都找不到我们团队的记录。[28] 我们不做会议纪要，不办公开听证会，游离于似是而非的体制真空地带。很多人知道我们，但档案上没有我们的蛛丝马迹。我们“只是”志同道合的一群人，每周一聚。我们自称——全国跨机构基因科学协调委员会。自 2002 年起，前三年我们每周五开会一小时，之后四年每周碰头一次，在这之后的三年里根据需要开会。会上的任何人都有事说事，一小时后就地解散，行动计划在手。

2002 年初，我们第一次开会，总统保密会议室入口处的男士收走了大家的黑莓手机。[29] 但进到里面，这个地方跟任何普通的会议室别无二致，一样闷热、拥挤、人多椅少。我在黑板上勾画了我们的长期目标：识别危险的细菌和病毒。我们要调集全国资源，同时做三件事：

找到史蒂文斯炭疽的源头，为危险的流行病作好准备，并在生物袭击发生时提供所需的信息。首次会议的目的是找到有意愿且有能力出资的单位分头认领危险的病原体，为它们进行测序。

我列出了最危险的几种微生物病原体，国土安全部的贝丝·乔治表示他们单位可以出资给炭疽测序，后来额外对埃博拉和天花测序的经费也是她安排的。国立卫生研究院过敏症和传染病研究所的玛丽亚·乔瓦尼表示愿意出钱给其他炭疽菌株测序。[30] 她说："研究所可以跟其他政府机构合作，比如国家卫生基金会和能源部。"而且，因为研究所已具备测序能力和数据分析平台，除了已经开始测序的炭疽菌株，也可对其他炭疽菌株和生物恐怖主义病原体进行测序。其他预算较少的成员也纷纷主动替各自的单位认领了剩下的病原体。每家单位均依照各自的流程向外部研究人员提供资金。

头三年，我们的首要任务是对付炭疽。我们得证明实验室在培育和实验埃姆斯样本时，持续培养的部分样本会产生变异。一些传统的微生物学家或许认为我们是痴人说梦。美国陆军传染病医学研究所的炭疽疫苗专家布鲁斯·艾文斯（Bruce E. Ivins）[31] 听闻阿布希尔首次发现了变种时，表示不屑一顾。他不相信如此明显的怪现象可以扯到特定的基因变化。艾文斯告诉自己的老板:“埃姆斯的特殊菌株不可能分辨得出来。”起码当时看来，他说得一点儿不错。另一位持怀疑态度的“专家”说我们的做法不亚于搞“星球大战”。[32]但哪怕那样，我们必须试一试。

但是，应该比较哪些菌株呢？联邦调查局起先希望基因组研究所的克莱尔·弗雷泽和蒂莫西·里德把杀害史蒂文斯的埃姆斯毒株与基因组研究所已经为国防部测序的埃姆斯菌株进行比较，后一种菌株来自英国著名的国防科技实验室波登当（Porton Down）。

在我看来，布鲁斯·布多勒（Bruce Budowle），这位联邦调查局的顶尖DNA专家对其单位科学方法的现代化居功至伟。当时他一边在忙“9·11”受害者身份识别的工作，一边抽时间来帮我们。布多勒很快意识到，波登当的样本不适合用来比较。英国人曾使用极端高温、强效抗生素和刺激性化学品去除了炭疽杆菌的毒素基因。这些处理的确让实验室研究更为保险，但也诱发了独特的突变，因此波登当的埃姆斯早已不再是得州小母牛炭疽的最佳替代品。一次，我和布多勒在联邦调查局开会，布多勒给他的老板们说了个坏消息：还是得回过头，把从史蒂文斯身上采集的样本跟得州小母牛的原始样本进行比较。[33]好在自那头小母牛在1981年死亡以来，军方一直将它的原始炭疽杆菌样本保存在犹他州的陆军达格威试验场冷库。它就是最原初的埃姆斯，从未在实验室中发生过变异。自此，我们的基准菌株变成了得州小母牛的原始埃姆斯，而非来自波登当或史蒂文斯。基因组研究所的克莱尔·弗雷泽团队只得从头来过。

不过，并非人人都相信阿布希尔和沃瑟姆所看到的可见变化是由DNA改变引起的，但我信。我当年的博士论文恰好做过相关研究，细菌长时间在不同的营养物质上生长的确可能产生形态和代谢的变化。针对华盛顿特区美国邮政服务的雇员病例的研究表明，从这种细菌中培养出来的细胞只有一些是独特的，这些特定的细胞被分离出来并在实验室重新培养后仍然保持了独特性。这表明来自邮政的培养物中的部分细胞携带了突变。

为了找到突变，基因组研究所首先必须测序从我们的参考样本（得州小母牛的原始菌株）中取得的炭疽菌的整个基因组，再测序藏在信件里的炭疽粉末的基因组，然后找出二者的差异，最终从联邦调查局在美国、英国、瑞典和加拿大等各国实验室中收集的1070个埃姆斯菌株中找出同样的差异。这事儿不好办。

我们一边做侦探，一边开发新的分析技术。谁也没法保证一定能成功。我感觉我们像是在一边飞行，一边设计和建造飞机，而且进展得不够快。与此同时，我们还在为凶手可能再次发动袭击而提心吊胆。

我没法向杰克吐露半分。他知道我在协助进行炭疽调查，他告诉我他什么都不想知道——这很好，因为我也不能向他透露。我从事的是极其重要的国家工作，虽然进展缓慢，让人沮丧得很，但我们都知道一切务必慎之又慎。因为此事牵扯过多。

••

“流水线”成了。[34]首先，位于弗拉格斯塔夫的北亚利桑那大学保罗·凯姆实验室的技术人员使用标准的细菌测试验证每个样本是否为炭疽埃姆斯菌。接下来，他们通过加热、酶和其他化学物质溶解细菌细胞壁，并释放、清洁和沉淀 DNA，从而纯化 DNA。然后，这些 DNA 被转送到基因组研究所和其他实验室，科学家们使用当时人类基因组计划最新开发的半自动技术来分析 DNA。DNA 被剪切成随机长度并按大小排序，然后这些片段被克隆并重新组装成最有可能的序列。最终，共有 29 个政府、大学和商业实验室参与了这项调查，分析了孢子粉末和来自信封与邮局设备的样本。这些小组的工作都绝对保密。

我以前的学生雅克·拉维尔（Jacques Ravel）于 2002 年加入了克莱尔·弗雷泽和蒂莫西·里德在基因组

研究所的实验室。里德去别处任职后，雅克担任实验室负责人。计算生物学家史蒂文·萨尔茨伯格（Steven L. Salzberg）领导米哈伊·波普（Mihai Pop）和亚当·菲利皮（Adam Phillippy）等人进行生物信息学分析，解释了实验室结果。

对一种细菌的多个菌株进行整个基因组的测序涉及新技术，产生了新的数据类型和计算算法。有的科学家认为计算方法和测序机器产生了错误。有的微生物学家认为如果基因变异确实出现，那也只是偶发事件，纯属侥幸，可能几周后又会恢复原状。为了减少机器引入的测序错误，萨尔茨伯格和他的团队编写了算法，以消除序列中最不可能的组合。然后，对最有可能找到突变的序列区域多次重复测序。

米哈伊·波普主攻算法编写，将DNA的各个部分组装成攻击性炭疽的完整基因组。但有一天，当这些数据出现在他的面前时，波普觉得程序出了一处错误：它把两个本应出现在不同位置的DNA序列组装在了一起。“不该相信软件，”波普说，“我们得搞清楚这是真的生物信号还是软件错误。”生物信息学团队很快得知基因组研究所的实验室走出了一条捷径。“我们可用的DNA不多，”据波普事后回忆，“在实验室的每一步都会丢失一些DNA，所以实验室决定跳过一些步骤以保有DNA。”

就在此时，基因组研究所团队想到，组装器错过了一个重要的突变——攻击性菌株中一次大规模的、1000 个碱基对的 DNA 复制。

••

这项工作要求极高，因此进度缓慢。在严格保密的前提下，拉维尔和基因组研究所的几位同事与联邦调查局合作，利用国立卫生研究院支持的最先进的技术和生物信息学平台。研究所的科学家参加了好多场由联邦调查局特工主持的会议，以至于底下的观众们要是不佩把枪，波普发言都不大习惯。项目总算是有所进展。随着研究的深入，近一年后，拉维尔和研究所的其他人围绕着阿布希尔和沃瑟姆发现的奇怪变异菌落找到了越来越多的有着蛛丝马迹的 DNA 标记。

拉维尔和几位持有生物科学博士学位的联邦调查局特工[35]选了四个最独特的突变作为重点。根据联邦调查局的规定，这些样本被秘密编码，只有两名特工知道样本来源，拉维尔和研究所的其他人则全然不知。在接下来的五年里，拉维尔从收集自美国、英国、加拿大和瑞典实验室的 1070 个埃姆斯样本中寻找这四种突变的样本。他想找到包含所有四个突变的样本。

2007 年 9 月，炭疽攻击发生近六年后，拉维尔向几位联邦调查局特工汇报最新研究结果。[36]一位特工问："那个样本怎么样？能给我看看吗？"拉维尔知道这个样本已经对三种突变测试呈阳性——就在当月，他发现它对第四种突变也呈阳性。拉维尔目睹特工的神情在看到新结果时从平淡转为狂喜。"看得出来，那个样本在他心目中有多重要。"拉维尔说。

以往遇上实验成功，拉维尔这个法国佬总要在实验室跟大家开香槟庆祝，可这回他无法跟任何人分享。他连"一个特工看到这些样本时笑了"都没法告诉实验室的同事，因为这部分工作还得等一年才会解密。"但我确实觉得那五年的工作值了，"拉维尔后来说，"有时候吧，科学发现的东西世界上也就几个人关心。但这一次，我相信我们带来的影响会大得多。"[37]

我们的基因组学研究最终得到了重要的证据：总共找出了四个基因突变，确定为邮寄的孢子的分子指纹。在联邦调查局收集的1070份埃姆斯样本中，有八个样本同时具有这四个突变。凭借这些信息，联邦调查局可以利用传统的侦查手段查找邮寄含有这四种突变的炭疽孢子的人。

很快，联邦调查局得出结论，认为唯一对四种基因突变检测都呈阳性的埃姆斯样本来自美国陆军传染病医学研究所的一个特定的烧瓶。[38]沃瑟姆和阿布希尔曾在那里识别出第一种突变。这个烧瓶编号为“Flask RMR-1029”，在磁卡门禁系统的保护下，存放在生物防护实验室的步入式冰箱中，属于炭疽疫苗专家布鲁斯·伊文思（Bruce Ivins）。到2008年年中，联邦调查局已经确定伊文思是唯一单独处理过该烧瓶中的炭疽样本的人，从而洗刷了一位从未接触过烧瓶的长期嫌疑人的冤屈。

伊文思是独自行动还是与人合作？他是否真的参与其中？个中缘由已无从知晓。因为联邦调查局准备逮捕他时，他已服下大量泰诺药片而陷入昏迷。他在三天后，也就是在2008年7月29日去世，死因判定为自杀。

伊文思曾与人共同研制过一种炭疽疫苗，曾给海湾战争老兵接种。接种者抱怨该疫苗引发了一系列慢性症状，包括疲劳、关节疼痛和头痛。许多人猜测，如果那些信件真是伊文思寄的，他可能是担心自己的疫苗项目被叫停，而这些炭疽信引发的恐慌可以证明该项目的必要性。可惜伊文思已死，世人再也无法确定他的动机和意图——更遑论理解。2008年8月18日，联邦调查局召开新闻发布会，解释了这项调查背后的科学依据。这是联邦调查局有史以来规模最大的调查。联邦调查局几乎包揽了所有讲话，他们对我的介绍是前国家科学基金会主任，称基金会“为基因测序工作提供了资金支持”，我利用仅有的发言机会仓促地介绍了努力创建“一个合法的新学科，即微生物法医学”的几家机构。

伊文思死后，联邦调查局解密了调查内容。既然炭疽杆菌的 DNA 变化如此之少，为什么信件中的孢子却含有如此多的基因突变？对于这个困扰我们长达七年的问题，总算有了解答。或许伊文思的合法研究需要通过合并不同实验室的埃姆斯材料构建炭疽疫苗。通过收集不同的炭疽菌株，他还收集了这些实验室操作产生的各种应激诱导的突变。大量培养埃姆斯显然也使他的混合种在不经意间额外产生了两种变异。

又过了很久，我拿到了查阅伊文思自杀精神状况分析的权限。这份由九人独立小组发布的“一致无争议”报告引用了“一段重要的长期心理障碍和可诊断的精神病史……他的这些情况一旦为人所知，便会失去机密级的安全许可”。从律师那里得知自己可能会被起诉后，伊文思参加了一个团体心理治疗课程，在课上突然透露了一个谋杀同事的计划。他很快被强制送进当地医院，然后在精神病院住了一个多星期。专家组据此得出结论，强制收容伊文思“很可能阻止了一起大规模枪击案，终止了他制造一场‘荣耀之火’的设想”。[39]

伊文思去世两年后，联邦调查局发布了长达 92 页的《炭疽调查摘要》，总结了为期七年的调查。[40] 开篇第一页感谢了“专为此案开发的开创性科学分析”，并写道，这些分析由不具名的个人或组织完成，他们溯源了炭疽攻击事件所使用的炭疽粉末，追踪到了伊文思的烧瓶。

••

全国跨机构基因科学协调委员会的科学调查持续了七年，比我们原本预计的长得多。我的主席一直当到了小组解散。开始时，我们还很天真。病原体的测序数据如此有限，以至于我们认为测序一个物种的三种菌株，顶多五种菌株，就能得到该物种足够多的信息，然后就可以确定攻击性炭疽的来源。但是炭疽突变的频率很低，我们只得测序更多菌株以找到差异。这些分析烦琐、耗时且昂贵。

如今，全基因组测序方法[41]已经被用来对付许多传染病，包括SARS、SARS-CoV-2、李斯特菌病、链球菌、MRSA、H1N1、肺炎克雷伯菌、埃博拉和寨卡等。如今，测序广泛用于疫情暴发追踪，也是新兴的精准医学科学的基石。拉维尔和他的基因组研究所同事后来还使用了类似的方法来鉴定蓖麻毒素。这是在蓖麻籽中发现的一种有毒蛋白质。迈克尔·布隆伯格（Michael Bloomberg）获选纽约市长后曾收到一封恐吓信，里面装的正是这种毒素。

对许多参与者来说，加入全国跨机构基因科学协调委员会是他们事业的巅峰，一些成员因其服务而收获了奖章。中情局给许多人颁发了奖章，包括约翰·菲利普斯及其专家团队、无比干练的执行秘书罗纳德·沃尔特斯（Ronald A. Walters），以及我本人。我继续担任委员会主席，直到它于 2011 年解散。

委员会是团队合作的卓越典范。克莱尔·弗雷泽称我们是一支“出色的乐团”。应对任何危机时，协调是关键，我们的合作既理性又公正。没有人会对谁发号施令，也从来没有人讨论过性别问题，因为这里不存在这类问题。我们只一心想着解决那个可怕的难题。

委员会的调查还证明，没有任何一个单位、研究机构或行业绝对掌握着应对所有紧急情况所需的全部专业知识。然而，由于人员退休、预算削减和政治约束，这样一支强大的联邦政府科学团队似乎已无法再现。

回顾这段经历，我最欣慰的是对人类遗传学的基础科学探究帮助我们揭开了致命炭疽粉末的谜团。仅就我个人而言，这项调查也是对智识的极大回馈。

炭疽调查结束时，我深刻体会到国际科学界需要一种快速而准确的方法识别危险病原体。我决定行动。我要向私企寻求资金和支持。届时，我找到了一系列全新的机会，而且——不消说——会发现女性在科学界面临的一整套新问题。

第八章

从老男孩俱乐部到青年俱乐部再到慈善家

炭疽调查确实改变了我的一生。七年过去，我们终于找到了凶器。在这期间，无辜的人或丧生，或受伤，或被诬告谋杀。如果能更快、更准确地识别涉案的危险微生物，一些悲剧或许可以避免。

自研究生时代起，我所做的就是鉴定微生物。因此我开始想办法，看能否利用DNA序列在几分钟内识别几乎所有类型样本中的全部微生物病原体。无论样本来自切萨皮克湾水域、生活污水、患者的直肠拭子还是血样、土壤或空气。DNA分析可用于确定细菌、病毒、寄生虫和/或真菌的存在和相对丰度，以及它们的种类、株系、亚株系和特征。这一设想涉及使用计算机、基因组学和概率数学，将样本中已测序的病原体与数据库中的数据进行匹配。我相信这种方法可以挽救许多生命，并彻底改变微生物学。那是我梦寐以求的。

2004年，就在距离我担任国家科学基金会主任差几个月就满六年的时候，我辞职了。然后我花费数月，将上述想法落地成了一套数据管理系统。然而，开发算法的花费要超过我从基金会或国立卫生研究院能批到的经费。我决定去自己从未考虑过的领域碰碰运气：商界与创业圈。

在接下来的十年里，我在商界跋涉、迁徙，从大型跨国企业到独立创办公司再到非营利组织。我发现了商界比高校和政府更厌女，但也发现了致力于支持女性企业家的女性风险投资公司和协同科学家解决全球性问题的非营利组织。这些年，我走过了一段充实的学习之路，我希望通过分享这段经历，能帮到如今正跨出学术界和政府的许多科学家。

联邦和州政府资金大幅削减，科研俨然成了高风险行业，我国有半数博士从学术界流失。[1] 2017年，只有四分之一甚至五分之一的生命科学博士能在高校拿到终身教职或处于终身教职轨道。其他领域的博士科学家也纷纷离开官方机构。这些或年轻、或年长的科学家，需要筹资养实验室和学生，或者自己需要工作，所以都在与私企、风投、基金会和军队合作找钱。这些都是男性主导的领域，女性往往缺乏人脉。如今，教授的评判标准除了研究产出、出版物和教学，还包括所拥有的职位和董事会席位数以及参与的初创企业数量。正因如此，即使是高级教授也必须学会跟商业打交道。

有人抱怨国家培养了太多科学博士，[2] 对此我不敢苟同。为保持高度技术化的经济增长，我们需要博士——甚至说还不够多。然而，要想在今天顺利从事科研事业，每位科学家都得好好规划未来。对于许多人来说，未来或许难免跟商业或工业打交道。

••

我对未来的挑战毫无准备。就像许多刚入商界的女科学家一样，我加入了一家老牌企业。佳能，这家专业从事光学和成像产品的跨国日企当时意欲进军生命科学市场，因而要成立一家子公司，邀请我担任顾问。这份工作看起来很适合我。我可以在子公司开发微生物快速鉴定法，同时继续进行学术研究，并在科学组织担任志愿者。于是，我开启了新的事业，出任了佳能美国生命科学股份有限公司的主席和高级顾问。

这头衔挺唬人的。但通过组建跨国企业子公司，我发现大公司可能比学术界或政府部门更官僚、更专制，更不用说商界已根深蒂固的性别不平等。著名的非营利组织“催化剂”（Catalyst）[3]就曾指明这一点。

即便在今天，工商管理硕士学位的女性精英毕业生也在薪酬和职位上落后于男同学。截至2019年3月，标准普尔500家公司的首席执行官中只有24名女性。[4]人们会怀疑，让女性当高管的公司肯定存在着男性都不愿解决的严重问题。欧洲央行首位女行长克里斯蒂娜·拉加德（Christine Lagarde）[5]称之为“玻璃悬崖”：女性失败时，她周围的男性反倒会因此免责。

日企中，女高管的业绩也多半不佳。事实上，20世纪90年代初，我担任日本政府一家机构的顾问小组成员时，参观过一个日本重点实验室，遇到了一位女博士，她做着低级实验室的技术员，人家告诉我这是惯例。如今，日本政府有意增加专业女性领导人数。佳能等诸多成功的日企也都在努力，但传统的做法和风气很难摆脱。

事实证明，他们觉得开发未经验证的医学诊断方法和新想法太冒险。在佳能工作三年后，我发现他们显然更想追随更符合其在成像和相机制造方面优势的道路。是时候开启新挑战了。我从没想过当企业家，但这会儿必须自己做老板了——正如我多年来在大学和政府学到的那样，钱袋子攥手里才是关键。必须开公司了，我觉得这事儿没多难，价值数十亿美元的基金会我都管过。而且在我的任期内，我们单位还被评为全国管理最佳的政府机构，获得了白宫管理和预算办公室授予的“水晶鹰”奖呢。此外，我还担任过许多企业董事会的成员。因此，我在 2007 年大胆地创办了自己的公司，“宇宙身份证”（CosmosID）。[6] 我的目标并不是成为亿万富翁，而只是希望筹够经费，继续开发现代微生物学和诊断的方法，并改进医疗保健事业。

••

我之前并不知道做生意和搞学术在根本上有多大差异——从它们的伦理、目标到可靠的人和数据，再到哪些东西可以发布、哪些不能发，以及谁的命令不容置疑，等等。显然，多数科学家有共同的目标：揭示自然的壮丽法则。商界也有规则，但其伦理标准取决于老板、公司和行业。在高校，才智是衡量一个人的理想尺度，无论男女；而在商界，人的价值取决于你为公司创造的价值。

那些年，支持女性从商的许多团体不像今天这样多。2007 年那会儿，可能许多团体才起步。总之，我无处寻求建议。有个对商业感兴趣的女生物学家组织请我去做讲座，但与她们交谈时，我意识到她们需要基本的商业战略帮助。我组建了一个庞大而渊博的投资者咨询委员会，成员来自工业界、学术界、政府和金融界。非常遗憾，我们最初的两位投资者和顾问罗伯特·波特（Robert Porter）、罗德·弗拉泰斯（Rod Frates）在公司成立后不久就都去世了。他们都是心地善良的杰出商人，向来予以我不遗余力的支持。若他们在世，肯定会给我在陌生的商业环境中指明方向。没有了他们，我在一些关键问题上无处求助，[7]比如是否保留两名律师：一位作为公司法务，另一位保障我个人的利益。特别是引入新投资者而我不再是主要投资者之后，这个问题显得尤为重要。因此，我这缺乏指导的新手犯了三个严重错误，公司的前九年因此遭遇了许多不必要的困难。

首先，我犯了战略错误。公司启动时获得了主要投资者的 200 万美元投资和 200 万美元赠款。其中最大的一笔来自国土安全部，用于快速准确地识别危险微生物。公司有一名执行官、一名首席科学家和几名员工，主要是计算科学家和工程师。但第一任首席执行官认为公司的当务之急是尽快产生收入，因此过早地致力于产品开发，耗尽了初期的资金。而当时的重点本该为将来的发展筹资，公布与推广我们的发现和在病原体检测方面所取得的初步成功，从而建立声誉。那样一来，产品推广就有了基础。

其次，找到能干的高管至关重要，但生物技术公司想找到了解相关科学的首席执行官很难，至少早年间是这样。耶鲁大学、哥伦比亚大学和加州大学圣巴巴拉分校的研究学家发现，男性往往会把自己的能力估高30%。[8] 可惜我选高管时还没有这项研究。耶鲁大学管理学院的维多利亚·布雷斯科尔（Victoria Brescoll）在接受《大西洋月刊》采访时说过："男人做事都自觉棒极了，心想'谁不想要我？'"哥伦比亚商学院的埃内斯托·鲁本（Ernesto Reuben）[9] 得出结论，男性对自己能力的过度自信有助于解释为什么女性很少能够晋升到最高领导层。只可惜，一些研究人员所想的解决方案并不是让男性更清楚地认知自我价值，却建议女性应该学会男人的自我高估。

我用人失察的另一个重要原因在于我们科学家普遍信任同行。毕竟，我们的出版物经同行评审，然后登在期刊上，供其他专家批评、证实或反驳。商界并无这样的同行评审过程。科学工作必须准确无误；而在商业中，能盈利就行。所以，商界的"参考文献"往往会被轻而易举地"引用"。如今我对这一点已有深刻体会，所以我不仅会检查“参考文献”，还会检查文献的文献，以及文献的文献的文献。

最后，也是最重要的一点，我的理念是公司是一个团队——这是我在科学和政府部门时的工作方式，公司的科学团队的确充满灵感与激情，但，我本着友谊的精神，过早地与主要的几个经理分享了公司的所有权，以为他们对公司的感情与我同样强烈。

内部运营出现问题时，占据强势的站位进行谈判很关键。我曾经成功地为组织进行过谈判，但正如琳达·巴伯科克（Linda Babcock）和萨拉·拉什弗（Sara Laschever）在2003年的著作《女人不开口》（*Women Don't Ask*）中指出的那样，即使是掌握了充分谈判技巧、能挺身而出与工会和捐赠者谈判的女性，也不一定能为自己据理力争。[10]巴伯科克说，女性向来是被培养成照顾者和拥护者的，她们一旦掌权，就会被打上刁蛮和难相处的标签。

商业真正让我失望的点在于，它是创意和思想被光明正大剽窃的法外之地。熟悉了一家知名基金会的请款申请后，我竟发现该基金会的拨款条件是全权让渡使用其资金开发的全部知识产权。为什么创意和发现要交给并不一定会用到它的人？这些组织为了避免该产品与它们旗下的其他产品竞争，甚至可能直接雪藏或弃之不用。思想应该分享、用来帮助他人，特别是最需要帮助的人。我逐渐明白，我是科学家，并非逐利者。

然后我读到了凯蒂·凯（Katty Kay）和克莱尔·希普曼（Claire Shipman）在《大西洋月刊》上的文章《自信差距》（*The Confidence Gap*）。[11] 文章提出，信心在商业中与能力同等重要，但女性往往缺乏成功所需的自信。于是我想通了，我有着足足50年的经验，我这么会识别微生物病原体——我必须得把这些识别方法现代化。该死的！我痛下决心：公司是我要办的，只许成功，不许失败。截至本书撰写时，CosmosID已经成立12年，我们推出了几款医疗、食品和水安全应用程序，未来前景光明。

• •

女科学家要远离商界吗？别，千万别。

我相信商界对女性和少数族裔的态度已到了转折点，因为高管们也逐步认识到女性有利于扩大经济规模。观念转变往往需要数十年。尽管，社会对女性的基本看法亟待改变，可能在未来可见的许多年内都不会有什么进步，但处于高位的男性也逐步认识到如果女性参与领导，他们的公司能赚得更多。[12] 这或许在历史上也是头一回发生。金融服务巨头如瑞士信贷、麦肯锡、彭博社、安永和美银证券等正传达出这一信息。国际货币基金组织对欧洲 200 万家公司进行的一项研究发现，高新制造业或知识密集型服务公司每增加一位女高管，资产回报便可提升 34% 至 40%。[13] 为什么？因为这类公司往往需要更强的独立观点，即“更高的创造力和批判性思维”。那么，企业的高管应该全部换成女性吗？也不是。国际货币基金组织的报告给出的结论是，女高管的最佳占比大约为 60%。推动利润增长的并非女性本身，而是不同视角带来的新思路。[14]

2019 年，最后一家没有女高管的标准普尔 500 指数成分股公司迎来了一位女董事。但这并不代表男女平等在一夜之间实现了。事实上，研究表明高管层的更替率很低，女性要在高管层与男性享有平等代表权起码还需要 40 年。[15] 董事会学会听取新成员的意见也需要时间，无论其性别或种族如何。新任女董事并没有获得与男性同等的领导权：她们的任期往往更短，也很少担任主席职位。若能引入两三名女性，她们可以支持彼此的论点，加速变革的发生。一些欧洲国家以及加州均已出台规定，强制要求企业集团董事会提高女性成员比例。配额制或许是个办法，但也有争议，有人认为这是在搞平权。

••

科技公司的多元化之路更难走。国家经济研究局的数据表明，自20世纪60年代以来，美国GDP大约25%的增长得益于准许黑人及白人女性进入法律、医学、科学、学术和管理领域。[16]但25年前，万维网兴起壮大之初，吸引的大多是热爱冒险的年轻男性。最终，这场信息技术和电子商务的革命连带着利润、魅力和权力把所有种族的女性、非裔美国人和拉丁裔男性落在了后头。在当今的科技行业，白人和亚裔男性约占微软、谷歌、苹果、推特和雅虎员工的70%。女性往往集中在地位较低的销售和营销岗，这些岗位并没有机会将资源转化成可申请专利、有利可图的发明与发现。

更糟糕的是，科学、技术和工程领域过半的女性会在事业中途遇到“玻璃天花板”时离职。两项针对美国企业和STEMM领域女性的大型研究都报告了相同的现象。[17]西尔维亚·安·休利特（Sylvia Ann Hewlett）和她的同事在《雅典娜因素》（*The Athena Factor*）一书中指出，在2008年，在拥有科学、技术和工程学位以及丰富经验的35岁至40岁中级职位女性中，有52%打算离职——并非为了成家，而是因为晋升前景过于渺茫。卡罗琳·赛马德（Caroline Simard）和安德里亚·戴维斯·亨德森（Andrea Davies Henderson）在2013年发表的名为《攀登技术阶梯》（*Climbing the Technical Ladder*）的研究报告中指出，在科技行业，56%的女性在事业中期触及“玻璃天花板”后选择离职。

休利特指出，若科技行业有半数男性离开，国家势必要宣布进入紧急状态。美国企业普遍怨声载道，STEMM领域人员的短缺限制了企业发展，只能雇用外籍员工。休利特计算出，如果STEMM行业女员工的流失率降低25%，这些公司便可以多得11万名高素质员工。

部分硅谷初创公司的“男人帮”习气[18]迫使着女性远离科技行业。例如，优步成立初期充斥着酗酒现象，每层楼都有全天候畅饮的啤酒桶。优步的董事会在首次公开募股前，曾聘请司法部前部长埃里克·霍尔德（Eric Holder）调查公司关于性骚扰的投诉，希望提升公司形象。霍尔德最终竟提出了47项整改措施。还有一些早期初创企业的员工曾在行业交流会上模仿手淫的动作，在推介会上将女员工作为卖点，称为“福利”。乳摇（Wobble iBoobs）、寻咪（Titfinders）和咪门（Titgates）等淫秽程序一度充斥应用商店。许多硅谷创业企业家也是明目张胆的厌女人士。[19]贝宝（PayPal）、YouTube、领英（LinkedIn）和Yelp的早期投资者彼得·蒂尔（Peter Thiel）[20] 曾在 2009 年写道，女性掌握投票权有碍民主和资本主义。记者艾米丽·张（Emily Chang）在《男权乌托邦：打破硅谷男性俱乐部》（*Brotopia: Breaking Up the Boys' Club of Silicon Valley*）一书中写道，如此有毒的工作环境，将"妇女系统性地排除在全球历史上规模最大的创富时代之外，也剥夺了她们在这轮全球文化的快速重塑进程中的发言权"。[21]

此外，企业跳板（Springboard Enterprises）的创始人兼总裁艾米·米尔曼（Amy Millman）提到，科技公司猖獗的年龄歧视"始终"针对女性高管。[22] 企业跳板是一家风投基金，已为 700 多名科技公司的女性创始人筹集了 80 多亿美元。米尔曼说："在过去，不到 40 岁就不能申请高级职位。现在却说'为什么要雇 50 岁以上的人？他们怎么可能知道这笔生意的需求？'"中年女科学家向投资者募资时，那些男人——好多连胡子都灰白了——看着她说："你真正要紧的是招个 20 来岁的家伙当 CEO。"

想创业的女性面临一个大难题：风投行业清一色都是男的。我这辈子都在拼命突破障碍，所以请相信我，女企业家想筹钱创办和发展公司真的很不容易。她需要披挂厚厚的盔甲。

风险资本家提供着公共服务的职责，为新公司提供生存与壮大所需的资金。[23] 然而，风投界几乎全是富有的男人。尽管研究已证明多样性能够带来更高的利润，但直至 2018 年，女性的初创公司获得的风投资金仍不到总数的 3%。[24] 哈佛商学院教授保罗·甘珀斯（Paul Gompers）与同事西尔帕·柯瓦里（Silpa Kovvali）的研究报告指出，风险投资行业的组成“极度”单一。[25] 请注意，原文用的就是“极度”这个词，并不是我说的。他们调查了 1998 年以来美国的每一家风投机构，发现该行业在多年里一直保持着惊人的一致性。仅 8% 的投资者为女性，2% 为拉丁裔，黑人不到 1%。每四位拥有 MBA 学位的风投家中就有一位来自哈佛商学院。截至 2018 年，近四分之三的风投公司从未聘用过女投资人，首席财务官或市场营销和传播总监可能有女的，但参与决策的、决定资助哪些公司的绝不能有女的。华盛顿大学历史学家玛格丽特·奥玛拉（Margaret O’Mara）写道，上一代科技公司的企业家投资着下一代科技企业，从而将财富集中留存在一个小群体中。[26] 经济学家艾莉森·伍德·布鲁克斯（Alison Wood Brooks）和菲奥娜·默里（Fiona E. Murray）发现，即便男女企业家提出的做法完全相同，富有的白人男性风投家依然更乐意投资男性，尤其是男性气质明显的那种。[27] 而由于男性领导的初创公司往往任用男高管和男性组成的顾问委员会，这一现象又会进一步恶化。然而有趣的是，如果某位高级合伙人有个女儿，他的公司雇用女性合伙人的可能性会高出25%。[28]

我的朋友、美国微生物学会的前主席卡罗尔·内西（Carol A. Nacy）[29] 拥有三家公司，却曾四度在向男性风投家推介自家公司时被当成秘书。照例，那些先生会说出“亲爱的，能给我倒杯咖啡吗”之类的话。内西总是和颜悦色地回答：“好呀，您喜欢加点儿什么？”然后把咖啡给他端上来。等到她上台发言，她就可以好好玩味这些男士的表情变化了。经过多年实践，她已经掌握了这套体系的玩法。“去见那种全是男性的风投团队时，”她说，“大部分发言都由我来。然后我和我的首席商务官观察他们的反应。要是他们对我的话不置可否，他（首席商务官）就复述一遍我的意思——然后就搞定了。”

局面或许对我们不利，但聪明的女科学家们正在学会驾驭商业世界的办法，正如多年来我们在学术界不得不做的那样。

••

我认为大学应该做得更多，帮助科学、工程和技术公司提高多样性。1980 年通过的《拜杜法案》赋予大学拥有其教职工所做的由联邦资助的研究的专利权。如今，大学允许投资者利用教职工的研究创立几乎由全男性管理团队、全男性董事会和全男性科学咨询委员会组成的公司——即便是女研究人员担任领导的领域也是如此。[30] 大学应该制定协议，要求只有在董事会自证其团队符合多样性的情况下，投资者方可使用教职员工的科研成果——但愿将来某一天会实现。

当然，在未实现之时，首个受害者又是学生。[31] 一天，一位优秀的女博后走进南希·霍普金斯在麻省理工学院的办公室，哭得停不下来。她有一个问题：每天午休，她的博士导师实验室里的男实习生都会进来大谈特谈自己正在创办的公司，女研究生和女博后们从来都插不上话，只被留在实验室里干活。南希·霍普金斯意识到："我们获得的机会不平等。" 麻省理工学院的奇迹（见第四章）并没有改变男同事们的观念。她说："他们出了校园，在风投领域重复着以往在大学期间对女性的歧视。" 南希、麻省理工学院前校长苏珊·霍克菲尔德（Susan Hockfield）和麻省理工学院工程学教授桑吉塔·巴蒂亚（Sangeeta Bhatia）发现，女性教职工占麻省理工教职工的 22%，但在教职工创办的 250 家初创企业中，由女性创办的不足 10%。斯坦福大学的另一项研究发现了类似的差异：尽管该校教职工中有25%为女性，但该校教职工创办的企业中有女性创始人的只有11%。如果麻省理工学院的男女教职工的创业率持平，我们将多出40余家生物技术初创企业来创造更多新发现。

虽然高校在支持女性科研方面长期领先于商界，但现在一些高校很依赖超级富豪的慷慨捐款。这种所谓的科学慈善事业为顶尖大学提供了近30%的研究经费，[32]足以影响研究课题和研究者。这些捐赠者多对应用研究感兴趣，而对基础研究兴致缺缺——以阿尔茨海默病的研究为例，基础研究力图揭秘神经元如何随着年龄的增长而退化，应用研究则致力于制造一种减少淀粉样斑块的药物。无论如何，超过57%的大额个人捐赠涌向了生物医学研究。虽然尚无数据证明，但完全可以推测大部分经费捐给了全国排名前十的高校，当然排名前五十的其他学校也会拿到一些。虽然一些超级富豪捐赠人会参考科学家委员会的建议，但麻省理工学院理学院前教务长、科学慈善联盟前主席及现任首席顾问马克·卡斯特纳（Marc Kastner）[33]认为大多数捐赠人并不听从科学家的建议。甚至，他们会回避其资助的研究进行外部同行评审。麻省理工学院经济学家菲奥娜·默里在2013年警告称这股趋势令人忧心，可能会使科研成为满足小部分未受过研究培训的富人的心血来潮的工具。

无论如何，联邦给予高校的拨款有 40% 至 70% 用于图书馆、能源、安保等方面的运营开支。但科学基金会和慈善家的捐款通常不包括运营费用。[34] 如果私人捐赠继续在科研中发挥重要作用，我们该如何为高校——或他们支持的多样性措施买单？

••

那么，女科学家该如何应对不友善的生意场呢？读博可以教会女性如何做一位优秀的科学家，但教不了她们创办或经营公司的方法。快速而简单地获得高级商业培训并不简单。我曾请求我当时的老板（即大学校长）准我的假，去参加一个财务管理培训，他不答应——说边工作边学就是了。我创业初期曾加入一个上市公司的董事会，该公司出钱让我参加一门哈佛商学院为期两周的企业董事课。事实证明，这门课程对了解董事会成员的职责非常有帮助，但从中学不到创办和经营公司的细节。我想了解做领导和做管理的细微差别。

读 MBA 不是常规的方案。很少有科学家愿意在苦哈哈地做了十年博士和博后搞原始研究之后，再花两年攻读专为应届本科生设计的硕士课程。一个办法是开设现代化博士学位项目，如此一来，打算从商的理科生也可以选修营销、商业财务类课程，或者去生物科技公司实习一学期。在国家科学院委员会任职时，我曾提过这个建议，但后来发现就像古话说的“切莫迁坟，十迁九败”，博士课程的现代化进程不说绝不可能吧，也极其困难。

2009 年，我主持国家科学院的理学硕士学位职业化委员会，帮助想跨界的 STEMM 本科生转行业。[35] 针对有志商业的科学专业学生，我们努力推动开设了新型硕士项目。在过去，理学硕士学位往往被视为读不了博的安慰奖。但这项新的专业硕士学位，也就是上面所说的商业科学硕士学位吸引了大量女性，后来，这批学生纷纷成为科技经理、投资分析师和刑事司法实验室的法医科学家。

在这个瞬息万变的时代，大学必须调整博士课程，不再只是培养学术教授，否则他们的博士课程可能会变得无足轻重。现在大多数高校都设有办公室，以帮助教职工将研究成果商业化，一些学生可能也用得上这些帮助。

好在，部分女性并没有坐等学术界主动改变。[36] 企业跳板创始人兼总裁艾米·米尔曼说，20 年前，公司成立之初，还鲜有女性对投资女性领导的公司感兴趣。由此，企业跳板应运而生。她们组织了培训课、路演活动，并为初创企业提供顾问和模板。米尔曼的梦想是建立一个平行宇宙，那里的风投公司由女性持有，并支持、投资女性领导的公司。她不是一个人在战斗。马萨诸塞州巴布森学院的创业学教授坎迪达·布拉什（Candida Brush）正在会集研究人员、教育工作者和企业家，帮助女性获取资本。现在，个体企业家，无论男女，都在指导女性创始人。我在女性网络组织的经验告诉我，这些办法都很可能奏效。

尽管商业界越来越支持女科学家，但许多人仍担心与企业机构合作会限制她们所做的研究，从而损害她们的科研事业。我理解这个担忧。不过平心而论，我至今最喜欢的两项科研活动都是企业界资助的。开设这两项活动的目的都不是营利，它们表明女性科学家也能找到与商业利益合作的好的方式。

就我个人而言，每个机会都是从一通电话开始的。

●●

2010 年 4 月 20 日，我创办初创公司 CosmosID 已有三载。当时，总部位于伦敦的国际能源集团英国石油公司所租用的“深水地平线”钻井平台在路易斯安那州东南外海爆炸，导致 11 人丧生。该事件是美国历史上最大的一场环境灾难，也是全球最大的海洋原油泄漏事件。英国石油公司的声誉因此受到重创。

原油泄漏发生两周后，我接到了时任英国石油公司首席科学官、物理学家艾伦·威廉姆斯（Ellen D. Williams）的电话。我俩刚认识的时候，她是马里兰大学的物理学教授，但当时，她已是该校材料研究科学与工程中心主任和杰出的教授。钻井平台爆炸发生后不久，英国石油公司承诺投入五亿美元研究原油泄漏对墨西哥湾环境和公共健康的影响，以及未来缓解原油泄漏的方法——因为原油还将持续泄漏。（这笔费用与该公司后来赔付的数十亿美元罚金以及和解金无关。）威廉姆斯问我是否愿意接手运营英国石油公司的这项研究计划。他们将在十年内使用这笔五亿美元的资金，且不带任何附加条件。

这是墨西哥湾一带前所未有的科研经费，且当时还没有类似的经费使用先例。这也是从灾难中创造美好的机会。我既有从零开始建立科学组织的经验，也有国家科学基金会前主任与美国微生物学会、美国科学促进会和国际微生物学会前主席的背景背书，可以为英国石油公司的这项计划增加权威性。此外，我早期的许多研究都涉及海洋水域的油污染和烃类化合物的微生物降解。

英国石油公司能说到做到吗？我问威廉姆斯。科学团队得设计研究计划，包括研究方式与地点。

“是的，绝对不干预。”威廉姆斯保证。

如果英国石油公司说话算话，我们就可以自由设计一种新的研究资金方案。我的设想是参考基金会的程序，建立墨西哥湾研究计划。资金进行公开竞争，授予合格的科学家用于采样、建模和数据分析等研究活动，研究结果发表在同行评议的科学期刊上，并且所有收集来的数据都必须在建起的数据库中向公众开放。英国石油公司不可干预任何环节。我把想法告诉了威廉姆斯，她的回答是：“很合理，就该这样。”

依照此法，一个重大的社会问题有望解决。“得益于”数十年来松懈的执法，化肥和粪肥的径流在海湾地区形成了一片巨大的无生命带，但政府机构每年提供的海湾生态系统研究经费不足1000万美元。我认为，如果国际专家与当地科学家合作，墨西哥湾研究计划[37]可以提高环墨西哥湾五州的高校科研能力，包括得克萨斯、路易斯安那、密西西比、亚拉巴马和佛罗里达。

此事若成，该倡议将向慈善家、政治家、企业和风投家展示负责地投资顶尖科研活动的方式。它将表明，由行业和私人资金提供资金、确立大方向，由科学家决定具体课题、研究方法以解决社会问题时，高质量的科研活动指日可待。事实证明，这也是托举科学界女性的好机会。

于是我告诉威廉姆斯，若英国石油公司真能答应以上运作原则，我愿意出马。

墨西哥湾研究计划必须尽快启动。密封深达一英里的井口花了四个月。在此期间，“深水地平线”向墨西哥湾喷射了约2.06亿加仑原油，杀死了湿地草地、鸟类、鱼类和海洋哺乳动物，也破坏了海湾的海产和旅游业。我们必须掌握泄漏时的应对手段及后续的清理办法，以防将来再有泄漏事故发生。

就这样，我签约出任该研究计划的主席，并与英国石油公司商议其余人选。我举荐了六位我熟识并尊敬的世界级专家出任董事会成员。其中四位来自全球领先的海洋研究中心：斯克里普斯海洋研究所、蒙特利湾水族馆研究所、伍兹霍尔海洋研究所和英国国家海洋中心。我请来了斯克里普斯的所长玛格丽特·莱宁（Margaret Leinen）担任董事会副主席。来自路易斯安那州海洋学术助学计划的查尔斯·“查克”·威尔逊（Charles “Chuck” Wilson）担任首席科学家，负责项目日常管理。很快，威尔逊和我几乎每天通话或发邮件沟通，讨论研究计划的进展、支出或管理大型企业时会遇到的任何紧急问题。

英国石油公司五亿美元计划的消息一经传开，路易斯安那州参议员玛丽·兰德里欧（Mary Landrieu）就带领墨西哥湾地区的政客前往白宫，要求管控这笔资金。白宫、英国石油公司和环墨西哥湾的五位州长一道起草合同，以确保负责任的财政做法。我担心州长们若指派亲信加入我们的咨询委员会，那么项目上的决策势必会被政治偏见影响，届时资金恐怕要花在建筑、赌场和游轮等大型项目上。好在英国石油公司很硬气，只在头一年稍作妥协，将 4500 万美元分给五个州，每位州长有权任命两名科学家加入我们的科学咨询委员会。而我作为管委会主席，则坚持在合同中添加了一些重要的言语，确保科学家能够掌控科研活动。

这其中涉及大量的细节。[38] 合同规定董事会由 20 名学术科学家组成，负责所有资金和研究决策。合同还规定董事会中全体科学家都必须具有"同行认可的研究资历，且来自学术机构……或他国认可的研究实体"。研究委员会的成员都不能是"政务官员、英国石油公司员工或学术 / 研究机构之外的州政府人员"。任何成员不可代表任何选民、利益相关者或利益集团。每位州长提名的两位董事会成员必须是该州居民，且在研究委员会的专家名单中。

我和六位初始董事会成员迅速梳理了海湾地区高校的教职工名录，锁定了一批顶尖的海洋学家。我们给每位州长发了一份经过彻底审查的名单供其选择。十位获邀加入董事会的科学家都接受了邀约，成了我们优秀的新成员。这也证明了我们努力的有效性。

在原油泄漏事件发生一年后——对于如此重大的工作而言，这个响应速度极快——研究计划资助的科学家们在空气、沿海沼泽、沉积物、浅水、深水、珊瑚礁、昆虫和商业渔业环境中收集了宝贵的石油和分散剂样本。但在我们深入研究之时，公众也有不少疑问。人们想知道“石油会一直留在这里吗？”“吃鱼安全吗？”“我能去沙滩玩吗？”“我的孩子会得癌症吗？”……他们需要权威的、实事求是的答案。因此我们要求研究赞助的每个团队留出一部分经费，用于社会宣传与公共教育。一批优秀的女性海洋学家也由此成了出色的传播者。佐治亚大学海洋学教授曼迪·乔伊在危机期间经常在媒体上科普海湾科学。多年后，她上街时还会被路人拦住，被问道：“您是海湾姐姐吗？”

我们与影人合作，记录研究的进展，供电视台、学校和公众使用。第一部影片出来后，出镜的是一位又一位白人男性专家。于是我坚持要求后两部影片公平准确地体现出女性对墨西哥湾海洋学工作的贡献。

多亏了研究计划的科学家，我们现在更了解如何使用生态友好的分散剂来处理石油泄漏，[39] 这些分散剂有助于清洁水面和其他位置形成的油膜。科学家们在墨西哥湾发现了能高效降解泄漏石油的细菌。乔伊还建议，将来一旦有泄漏事件发生，有关方面就该立即往泄漏水域添加营养物质，增加水的肥力，促进石油降解菌生长。这些研究项目还有个意外收获。2012 年“艾萨克”飓风横扫墨西哥湾，我们在墨西哥湾水域抛投的若干艘研究洋流的小浮标船回传的数据经过分析，展现了飓风在水中移动的样子。这是前所未见的画面，使得我们能在第一时间了解海湾表面洋流在不同的风浪条件下的变化情况。

我们资助了新一代墨西哥湾学家，建立起了一个科研共同体，包括 455 个博士后职位、630 名博士生、562 名硕士生、1048 名本科生和 115 名高中生。其中一些研究者此后在墨西哥湾地区成就了一番事业。墨西哥湾研究计划通过 4312 名人员的参与，将墨西哥湾打造成了世界级的海洋研究中心。我希望民众能通过这项计划看到科研是怎样造福整个地区的。

••

墨西哥湾研究计划甫一启动，我就接到了非营利组织“安全用水网络”（Safe Water Network）创始首席执行官库尔特·索德伦（Kurt Soderlund）的电话。安全用水网络由一群慈善家创办，包括奥斯卡获奖演员兼导演保罗·纽曼（Paul Newman）、乔安娜·伍德沃德（Joanne Woodward），以及前总统罗纳德·里根的副国务卿、高盛前掌门人约翰·怀特黑德（John C. Whitehead）。该组织于2006年成立，旨在运用标准的商业实践，如合理的定价，将安全饮用水带到欠发达地区。索德伦来电问我是否愿意加入董事会。在孟加拉国从事霍乱研究多年的我对此大感兴趣。不过他一开始就提醒我，董事会的其他成员都是美国大公司的高管，均以实干派自居，因此有些怀疑我这样的老学究干不干得了。[40]

果不其然，我去纽约面见安全用水网络董事会时，怀特黑德当场给我来了个下马威。他说："久仰大名。不过，不知道您是不是做事儿的人。"

"巧了，"我回答，"我来也是想看看这边是不是一群做事儿的人。不是的话，我掉头就走。"

世界卫生组织和联合国儿童基金会表示，全球三分之一的人——约22亿人——缺乏安全饮用水。[41]除了霍乱，还有超过25种疾病通过水传播，包括沙门氏菌病、志贺氏菌病、弯曲杆菌、幽门螺杆菌、贾第虫、隐孢子虫、轮状病毒、诺如病毒等。在发展中国家，半数医院病床被水传播疾病的患者占据。腹泻通常由霍乱引起，是全球五岁以下儿童的第二大杀手。除去基本的健康问题，安全用水也是女性面临的大问题。因为，在欠发达世界，妇女和女童往往充当着搬水工的角色，因此提供方便的安全饮用水也有助于女童就学。

富裕的国家已经150年不见霍乱。原因很简单：我们建造了水处理厂和输送系统。但西方世界并没有在这方面帮助发展中国家。当时安全用水网络估计，若不采取任何行动，未来10到15年内，会有40亿人缺乏安全饮用水。

截至2019年，安全用水网络已为印度和加纳部分地区的100多万人口搭建了电话亭大小的净水亭。该项目成功的关键在于向客户象征性地收取了低廉的费用——20升水仅需5美分——用于净水亭的运营开支、操作员与工作人员培训、零部件维护与更换以及消费习惯培养。如果安全用水网络能够建起真正的大网络——所有有志于推动安全用水的政府机构、慈善机构和非营利组织通力合作，而非竞争——这种模式将为全球缺乏安全用水的人解决这一问题。计费系统共享可以进一步降低供应商的成本，给安全用水腾出更多资金。战略规划共享可以使供水商弥合系统之间的差异，实现区域全覆盖。科学专业知识共享则有助于解决一个最大的问题：确保输水安全，无论是桶装、驴车运输还是管道输送。一些地方的水污染率可高达60%——往往是由于河水混入、容器未适当清洁，或有孩童把手伸进自家的水罐。

若能在净水亭与家之间的每个环节都进行安全检测，供应商就能知道水质是否、在哪儿出了问题，以及如何改进技术和教育消费者。

未来十年，用水安全将是主要的问题。随着气候变化、海平面上升，安全饮用水越发稀缺。安全用水网络使我得以运用水传播疾病方面的经验改善公共卫生状况，这已成为我最喜欢的一项工作。

我的创业经历以及在墨西哥湾研究计划和安全用水网络的经验让我深知，我本人更像个科学家，而非资本家。许多女科学家享受在商界打拼的挑战性和收益，而我更感兴趣的是科学发现以及改善和拯救生命的方法。

从事科研 60 载，让他人过得更好、更健康一直是我的乐趣所在。建立网络并提供数据，由此为女性和少数族裔敲开高校、企业和政府的大门也是一种乐趣。我的经历表明，进一步的变革是可能的。我们可以让科学界的人们工作得更舒心。

第九章

不是个人的问题，而是体制的问题

到目前为止，这本书都在讲我的个人故事，回顾了我从 20 世纪 50 年代以来的科学生涯。但我想在这章聊点别的，谈谈女同胞们在当今科学界的状况和处境。如今，年轻女性与我交谈时会问我："情况有好转吗？"

对此，我会说，有。比如我的母校普渡大学和华盛顿大学过去或现在都有女校长。

我也听年轻女性问过："情况已经变好了吗？"

对此，我会说，还没。

仍有许多科学家在内心深处相信搞好科研与 Y 染色

体有关。然而，充分的证据早已证实女性在科研上的弱势地位是体制和社会问题。女性完全具备事业成功所需的才华。无数研究表明，人们在科学、数学、工程、技术和医学工作上的生物学性别差异微不足道或根本不存在。根据对30多个国家、100多万名学生的学业记录开展的大规模分析，女孩的学科成绩（包括数学和科学）领先于男孩（70%的受访学生来自美国），且该趋势已经持续近一个世纪。[1]还有研究表明，女性不会低估自己的能力，男性却会高估自己的能力。[2]此外，当今女性不缺成功所需的理工科学位。事实上，自2000年以来，女性获得了半数以上的理工科学士学位。自20世纪90年代末以来，女性在生命科学领域获得的学士学位约占50%，获得的博士学位则超过50%。

才华和学位都有了，女性仍然难以取得进展。只有39%的女博士能申请到博士后奖学金，只有18%的女博士能申请到教职，这可是进入学术职业轨道的基石。原因何在？当然不是女生对此兴趣不足。国家花了几百万美元，努力激发女孩和妇女对科学的兴趣。但正如之前所说，女性对科学一直很感兴趣。实际上问题在于，女性几十年来一直被排斥在科学领域之外。就经济层面而言，女性吃了大亏。

STEMM领域中对女性的歧视带来的巨大后果影响

着我们每个人。[3]乔治敦大学教育与劳动力中心的研究教授兼首席经济学家妮可·史密斯（Nicole Smith）通过研究给出了解释。

简言之，许多女性对科学、技术、工程或数学的兴趣足以获得这些学科的学士学位（史密斯的研究不包含获得医学学位的女博士）。当中有许多人可能会读其他学科的博士（我国对此项数据没有确切的统计）。最终，这部分未能利用 STEMM 领域专业背景去从事相关工作的女博士会为此蒙受经济损失：其年收入比从事 STEMM 相关职业的女博士低大约 4086 美元。

大量女性蒙受了损失。约有 14 万名拥有理工科博士学位的女性从事着非相关工作，其余生都在为此买单。相比之下，只有大约 6.1 万名理工科本科女生继续读到了理工科博士并从事相关工作。假如上述女性的薪资都与男性相同，她们的总年薪会比目前的薪资多出 36 亿美元。

除了女性本身，联邦政府每年也因此损失了约 7.72 亿美元的税收（假设从事 STEMM 工作的女性位于较高的 25% 联邦税阶）。

这还没完。由于女性工资较低，因此在餐饮、房地产、购物、旅行等方面的支出较少，导致我国国民经济年均损失约 46 亿美元，对国家的整体繁荣有着负面影响。

虽然46亿美元仅占美国国内生产总值的0.02%，但这足以解决巴尔的摩和华盛顿特区的流浪汉问题，或为所有美国儿童提供学前教育。

世界经济仰赖于美国的科研人员开创的新技术、新企业。由于女性受本科教育的人数超过男性，且获得了过半的理工科学士学位，因此长足的发现和进步离不开女性。

那么为什么女性还是被科学界排斥呢？

社会学家告诉我们，隐性偏见（也称无意识偏见）是罪魁祸首：人类的原始大脑和本能让我们迅速地把与自己不相像的人判别为不可信。[4] 这是下意识的反应，如同膝跳反射，可以保护我们抵御外部威胁。因此隐性偏见的存在有其合理性。试想，你坐在洞穴里，在火上烤制猎物，听见林中传来“沙沙”声。一抬头，见到来者是与你长相完全不同的生物时，你第一反应多半是“它要杀我！”隐性偏见帮助人类在蒙昧时期得以存活，所以并非毫无用处。而到了今天，隐性偏见正在阻碍我们进步。如今与周围人互动时，保持开放的心态才是明智之举。

纽约大学心理学家杰伊·范·巴维尔（Jay Van Bavel）的研究表明，理性、细致的思考可以克服隐性偏见。[5] 范·巴维尔设计了一款在线游戏，玩家会在游戏中看见有人偷钱。小偷可能是玩家本组的成员，也可能是别组的。那些迅速——本能地——决定惩罚小偷的玩家往往也对本组成员的罪行更宽容。但会在作决定前思考的玩家基本会对本组和别组成员一视同仁。

看来，可以通过一些策略对隐性偏见进行限制。40 年来，美国顶级古典音乐管弦乐团中女演奏家的比例从 5% 上升到了近 40%。这是因为乐队在面试新乐手时采用了“垂帘听声”的办法，让被试者隔着帘子演奏，排除了性别要素。[6] 然而，开放机会仍不能保证职位或薪资同等。依然是以管弦乐团为例，首席职位，比如首席小提琴手，直到 2019 年仍有 79% 是男性。女性演奏家也未必能获得与男性同行相当的薪水。2019 年，一位著名的女性长笛演奏家起诉波士顿交响乐团，要求同工同酬。这起诉讼最终达成和解，具体金额未公开。

了解隐性偏见还可以改变科学界的招聘方式。2012 年，雅虎经历了一轮大规模裁员后，微软把雅虎解雇的所有男员工几乎尽数纳入麾下。微软实验室主任詹妮弗·查耶斯（Jennifer T. Chayes）[7] 试图改变新员工的职场文化。“嗯，朋友们，”查耶斯告诉他们，“你们好像把某个性别忘了。”她找每位实验室成员单独谈话，告诉他们多元化的工作环境会如何促进他们手头的研究。查耶斯还让所有成员参加了关于无意识偏见的研讨会。就这样，在（女）领导的推动下，这些男性决定从更大的池子里招募新员工，并调整了面试方案。求职者露面之前，每位实验室成员都要先读一篇此人的论文，了解其工作能力。面试结束后，小组不会马上给出结果，而是让每位面试官先写下各自的评价，再开展小组讨论，从而消除从众效应。两年后，该实验室的女性比例从零上升到 30%——这是男性成员们促成的改变。

不过，并非所有男性都愿意克服偏见。微生物学家乔·汉德尔斯曼（Jo Handelsman）[8]尝试过跟男性科学家谈论科学界对女性的无意识偏见，可多数人无法相信自己是问题的一部分。“我们可不是那样的人，”他们说，“科学讲究客观。我们只是招了最拔尖的人才，是不是人才我们看一眼就知道。”

“这话我都听过一千遍了。”汉德尔斯曼告诉我。但，正如她的一位博士后学生所说，科学家还要做随机双盲实验呢，因为他们都知道自己在数据上做不到完全公正，那怎么就如此自信可以在别的方面不偏不倚呢？

汉德尔斯曼和她的耶鲁团队决定对科学家群体做个实验。她说服了六所研究型名校的生物学、化学和物理学系的 127 名科学家评估一份求职申请，但没有告诉他们实验目的。表面上看，申请人是应聘实验室经理职位的应届毕业生。每位被试者看到的申请内容完全相同，除了署名：一半署名为“约翰”，一半为“詹妮弗”。

结果令人不安，揭示出科学界无意识歧视之深重。男女科学家都认为“男”申请人比“女”申请人的能力更强。多数教职工倾向于雇用约翰，而非詹妮弗。他们对詹妮弗的支持度也更低，给“她”开的年薪比约翰少将近 4000 美元（约翰 30238.10 美元，詹妮弗 26507.94 美元）。无论年龄、性别、学科领域、终身职位的状况如何，全体教职工都更青睐约翰。汉德尔斯曼说，这一结果“对那些自诩客观的人形成了威胁”。

她本人也震惊于这样的结果——尤其是，科学家给女性的帮助更少的事实。汉德尔斯曼说：“每次女性去寻求建议、提问、了解项目、找暑期研究项目，或者报名实地考察时——得到的支持都比男性更少，且回回如此。日积月累，可想而知它对女性信心与力量的隐秘摧残。”

正所谓积土成山，每个歧视性的小插曲或许看似微不足道，但随着时间的推移，它就如同利滚利，反复叠加。亨特学院心理学家弗吉尼亚·瓦里安（Virginia Valian）[9] 在她 1998 年的著作《为何如此缓慢？》（*Why So Slow?*）中指出，女性就业初期与男性拿的薪资差不多，但十几二十年后，会被男性整整落下一整个职级。诺贝尔奖得主伊丽莎白·布莱克本（Elizabeth H. Blackburn）也说过："羽毛虽轻，攒多了也沉。"[10]

自乔·汉德尔斯曼的"约翰与詹妮弗"研究以来，几乎各个群体都注意到了科学界对女性根深蒂固的偏见，从诺贝尔奖得主到本科生都有。2014年，麻省理工学院生物学研究生杰森·谢尔策（Jason Sheltzer）[11]和推特软件工程师琼·史密斯（Joan Smith）发现，男性生物学家得过的荣誉越多，其手下培养的女性就越少。若该教授曾获过诺贝尔奖、霍华德·休斯医学研究所的资助或身为美国国家科学院院士，他带的博士后是男性的可能性要比女性高90%。最糟的是，大学往往会从这些精英男性的实验室招初级教职成员。

2015年，诺贝尔奖得主、生物化学家理查德·"蒂姆"·亨特爵士（Sir Richard "Tim" Hunt）[12]在女性科学记者大会上解释了上述现象的成因。"她们（女性）来实验室有两种后果，"他说，"要么是你爱上她，要么是她爱上你。你一批评，她就哭。"亨特建议，为避免上述问题，实验室应该按照性别隔离起来。他还对英国广播公司第四频道的记者说："我爱上过实验室里的人，也曾有人爱上我。这很影响科研，因为实验室里保证公平竞争很要紧。"这番话纯属胡说八道，却恰恰说明了许多女性不得不应对的一种偏见。亨特后来为自己的言论道了歉，还成了解决女性困境的积极支持者。

早在电影制片人哈维·韦恩斯坦（Harvey Weinstein）性侵多名女性的报道于2017年10月见诸报端，随后掀起一场#MeToo运动之前，科学界对女性抱有偏见的丑闻早已传遍了全国媒体。丑闻涉及耶鲁医学院、加州大学伯克利分校、美国自然历史博物馆、芝加哥大学、加州理工学院、华盛顿大学和达特茅斯大学等机构的多位知名男教授。[13]这些教授分布在医学、天文学、人类学、分子生物学、天体物理学和脑科学等领域，绝大多数都拿着大笔拨款，是学术界的香饽饽。因此管理层对针对他们的投诉往往睁一只眼闭一只眼，有的甚至持续多年。在媒体的宣传，甚至教职工的抗议之下，这些人才丢掉了拨款，有的更是丢了工作。

然而，仅指望更开明的一代人并不能消除科学界的偏见。有人在华盛顿大学生物学专业做过调查，询问1700名男本科生谁是班上最优秀的学生。[14]这些男生把女生的绩点估低了四分之三，可其实女生的课堂表现更好。这项研究的联合负责人萨拉·艾迪（Sarah Eddy）说："也就是说在他们心目中，得B的男生跟得A的女生能力相当。"此外，男生的性别偏见大约比女生强19倍，以致艾迪甚至怀疑自己跟同事是否真的有可能减轻如此严重的偏见。“作为大学讲师，我们的影响力就这么点儿，”她说，“毕竟学生来念大学之前，已受到起码18年的社会化影响了。”需要改变的是体制，而不是女性。

对女性的偏见当然不仅限于华盛顿大学的男生群体。研究表明，男性的论文发表数量更多，但女性论文的被引次数更高，即更具影响力。[15]男性认为女性写的计算机代码更好——前提是他们不知道编写者是女的。[16]女生的推荐信更短，往往突出申请人的“努力”和“勤奋”；男生的推荐信则频频出现“杰出”与“超级明星”这类词汇。[17]在瑞典——公认的平权典范国家——女性若想取得与男性同等的学术地位，必须在世界上最负盛名的科学期刊（如《自然》）多发表三篇论文，[18]或在领域内的顶刊多发20篇论文。在STEMM领域，男同事之间会大谈业务，但他们跟女同事只闲聊。[19]男性之间讨论科研时，会评价女性难以胜任这项工作。在经济学等领域，女性与男性合著论文，前者的功劳却往往被抹去。[20]针对这一现象，哈佛大学经济学研究生海瑟·萨森斯（Heather Sarsons）写过一篇论文，开篇强调：“本文是本人特地独立撰写的。”2015年，两位女性向《公共图书馆综合期刊》提交了一篇文章，却得到“加一两位男性生物学家共同作者”的修改意见。顺便提一嘴，审稿人最终拒了这篇论文，理由是（以下内容引用原文）“稿件质亮欠佳，对方法论和结裹的呈现不过关”*。[21] 值得肯定的是，该期刊后来裁撤了相关的审稿人和编辑。

问题层出不穷。致力于多元化的女性和其他少数族裔高管的绩效更低，做同样事情的男性却不受影响。[22] STEMM 领域的男性教职工比女教师更不愿相信性别偏见方面的研究。[23] 若关于偏见的培训未明确指出刻板偏见不可容忍，培训的效果可能会适得其反。[24] 麻省理工学院的女性教职工曾奋起抗议遭到边缘化和资源分配不均。几年后，2017 年，三名女科学家起诉了久负盛名的索尔克生物学研究所，谴责男性主导下的边缘化和敌意文化现象，包括女职工的低收入、低经费和更少的实验室空间等问题。[25] 该研究所的一位顶尖男科学家更是被八名女性指控性侵，被停职两个月后，他主动辞职，诉讼于次年解决。

偏见也跟钱挂钩。平均下来，美国国立卫生研究院给男性的每笔补助比女性高 41000 美元，给耶鲁和布朗大学等顶级名校的男女拨款数额差异更大：分别相差 68800 美元和 76500 美元。[26] 女性博士后申请国立卫生研究院资助所花的时间也比相同学历的男性多一年。

---

* 此处引用的审稿意见原文有多处错别字。

改变并不容易。学界领导者可以做的关键举措包括邀请有资历的女性开讲座，以打击其所在领域的偏见。[27]讲座邀约对科学家的职业发展与发文章的重要程度相当，二者都能向晋升和终身聘用委员会证明自己的工作受到了学界的尊重与认可。还记得25年前国家科学基金会的玛丽·克拉特拒绝资助只请男性讲者的学术会议吗？还有20世纪90年代，芭芭拉·伊格勒斯基花了整整十年才让女性进入美国微生物学会期刊的论文委员会。

2014年，两位勇敢的领导人力邀更多女性在美国微生物学会重要会议上演讲。当时，学会的成员数已超过39000人，约有一半是女性。但乔·汉德尔斯曼和阿图罗·卡萨德瓦尔（Arturo Casadevall）收集到的数据显示，2010年、2011年和2013年大会有一半活动场次都由全男性委员会组织，其中三分之一的全男性委员会只邀请男性演讲人。讽刺的是，数学家格雷格·马丁（Greg Martin）算过，出现“随机”全男性小组的概率极低。[28]马丁告诉《大西洋月刊》:“这事儿就是没可能。”汉德尔斯曼和卡萨德瓦尔的统计数据还估计，只要在这些全男性委员会中增加哪怕一位女性，女性演讲者的数量便会增加大约72%。

卡萨德瓦尔把统计数据发给了所有委员会。第一年，无事发生，全男性演讲人场次的数量毫无变化。于是他换了个办法，亲自与委员会成员们会面，希望他们“做得更好”，尽量避免全男性的情况，“除非有特殊原因”。这招成效显著。一年后，也就是2015年，在学会会议上演讲的女性比往年增加了约100人。女演讲者的比例达到了48.5%，与行业内的女性人数比例基本持平。美国微生物学会大会首次实现了演讲者的性别平等。卡萨德瓦尔欣慰地指出，全男性委员会“近乎根除”，表明变化可以在短期内达成。四年后，美国国立卫生研究院院长弗朗西斯·柯林斯宣布，今后他只会在“各种背景的科学家的发言机会经过公正评估的会议”上发言。

转变绝非妄想。70年前，马里兰大学还拒绝招收非裔美籍学生。现在，我可以自豪地说，该校毕业的黑人博士生数量位列全美第八。[29] 在数学和统计学领域，马里兰大学毕业的黑人博士生数量居全国首位。

整体上，美国在短时间内经历了许多根本性巨变。社会公众对吸烟、酒驾、越战和LGBTQ权益的看法都有了翻天覆地的变化，有的甚至在短短十年内就完成了改变。许多人为此付出了巨大努力，变革也实实在在地发生了——而且很迅速。如今，科学界对女性、非裔美国人、拉丁裔和LGBTQ人士的态度也在改变。但长路依旧漫漫。

以成立于19世纪中期的美国国家科学院为例。这是一个荣誉组织，任务是为国家提供科学建议。新成员由现任成员提名，由于科学界在过去 150 多年来一直由白人和男性主导，目前该机构 83% 的成员为男性，平均年龄 72 岁。不过这种情况也在改变。大约 30 年前，机构成立了科学、工程和医学妇女委员会，主要目的是选更多女性加入机构，但没有给这个委员会分配任何资源。我们的年会排在周日上午 7 点，地点是地下室，那里过去是机构的食堂。地下室的管道裸露、光线差，播不了幻灯片，也没有话筒。我们还得自己从食堂买早餐参会。直到大概十年前，一些女同胞抱怨这种公然的性别歧视，管委会这才把我们挪到了楼上——但年会时间依然排在周日上午 7 点。他们只给我们一个小时，因为楼上的房间还有“更要紧”的会议要开。

我当选妇女委员会成员时，公开说起了从地下室搬到楼上的“殊荣”（虽然我们依然要顶着清晨的霞光开这个会）。到了第二年，他们安排了一间会议室给我们办午餐会。然后，到了 2014 年，妇女委员会邀请了时任白宫科技政策办公室的联邦委任官员乔·汉德尔斯曼作为演讲者。于是我们的午餐会移到了大厅会堂——不过餐费还是得自己掏钱。又过了一年，我们邀请了国土安全部部长珍妮特·纳波利塔诺（Janet Napolitano）在年会上发言，却发现没给委员会成员留一个座位，会堂被男的占满了，还让他们首先提问。我们委员会的一位创始人玛克辛·辛格（Maxine Singer）坐在会场后面靠近出口的地方，委员会的工作人员基蒂·迪迪翁（Kitty Didion）连入场券都拿不到，只能坐在外面，隔着门竖起耳朵听。经历这些之后，我们不得不问，我们的国家、我们的社会和我们所谓的领导到底出了什么问题？我们还要花多长时间研究、谈论我们的遭遇？

整理一份翔实记录事实的严谨报告迫在眉睫。三大国家学术组织——国家科学院、国家工程院、国家医学院——必须共同努力。而且这份报告必须由一群非常有成就、备受尊敬、可靠的人来做，不能被当成发牢骚。时任美国国家科学院院长玛西亚·麦克纳特和科学、工程和医学妇女委员会成员们（当时我是这个委员会的主席）为这项研究组建了一个出色的团队，[30]成员包括曾处理"尾钩门"丑闻的前空军部长、联合主席希拉·维德诺尔（Sheila E. Widnall），韦尔斯利学院校长、联合主席葆拉·约翰逊（Paula A. Johnson），前国会议员兼大使康斯坦斯·莫瑞拉以及若干位精神病学家、律师、商人。机构出色的工作人员花了两年多的时间委托研究、收集数据、制表，对研究结果进行说明。

报告得出了明确的结论：

- 不能依赖法律来解决或预防 STEMM 职业中针对女性的性骚扰，因为这种方法并没有解决问题。法律只要求机构自证已制定性骚扰政策并在执行该政策——而无须证明这些政策能够有效减少或预防性骚扰。我们的学术机构要将法律视为最后的底线。这个问题必须通过职场文化的系统性变革来解决。
- 性骚扰是一种歧视，包括三种形式的侵害：
  1. 性别骚扰，指使用语言、笑话、评论或非语言行为（如传播贬低形象的图片）贬低女性，传达出女性不配或不必被尊重的意味。这是最常见的骚扰形式，但许多人并未意识到性别骚扰也是一种性骚扰。倘若它持续存在，对女性的成功可能造成与性强迫同等的伤害。而且，倘若容许它存在，其他类型的性骚扰发生的概率则会变大。
  2. 多余的性关注，如令人反感的性挑逗和性侵犯。
  3. 性强迫，即用优待条件换取性顺从，也叫“交换型性骚扰”。
- 存在性骚扰的组织通常有如下特征：该群体长期由男性主导，且依然由男性把持权力；性骚扰行为在这里被容许；教职人员和实习生在实验室、诊所或医院经常长时间单独相处。

- 对两所大学系统的广泛分析表明，40% 到 50% 的医学生曾被教职员工或工作人员性骚扰。超过四分之一的工科女生以及约 20% 的理学本硕女生有此类遭遇。[31]

好在，这份报告得以赶在 #MeToo 运动兴起期间发布，正逢公众聚焦于性骚扰及其对女性事业的破坏性影响等问题之时。国内外 100 多家媒体机构报道了这项研究，包括《纽约时报》、《华盛顿邮报》、NBC 新闻和美国公共电视网。在国家科学院历来发布的数百份报告中，《女性性骚扰》（*Sexual Harassment of Women*）是迄今为止最热门的一项新闻产品，俨然成为社会组织争取女性权利的一大里程碑。

在报告发表数月前，美国科学基金会向《联邦公报》提交了修订后的条款以征求意见。[32] 修订版提出，基金会作为研究的主要资助方，要求各机构向基金会汇报骚扰指控的调查情况。[33] 美国国家科学院、工程院、医学院和美国科学促进会的当选成员的科学不端行为或严重伦理违规行为（如性骚扰和基于性别的骚扰）一经查实，则将被取消成员资格。不久前，美国地球物理联合会将性骚扰归入了科学不端行为。[34] 2019 年 2 月，美国国立卫生研究院院长弗朗西斯·柯林斯为该机构过去未能“承认并解决导致如此伤害的氛围和文化”致歉，同时裁撤了 14 名曾有性骚扰行为的资金受奖人。[35]

然而，反歧视的斗争远未结束。科学界如何实现真正的平等，如何让男性和女性平等地成长与竞争？对此，我有一些看法。

第十章

我们能行

我想向女同胞和盟友们分享一些建议，以此为本书作结，也希望这些建议能推动美国科学界的变革。这些建议基于我在科学界 60 年的从业经验，也来自其他女性科学家的经历和新近的学术研究。我的建议主要面向有志从事科学事业的女青年，但也适用于关心科学界所面临的严峻挑战的家长、教师、机构和立法者。

这些建议基于如下信念：

● 在学校、实验室、职场、职业发展和个人生活中，所有男性和女性皆应受到平等的待遇。

- 在科学领域，女性不图优待，只求机会平等。
- 从 100% 的人口中择优，绝对胜过从 50% 的人口中择优。[1] 一旦所有人才都处在公平的竞争环境中，就可以靠才华与能力而非性别、种族或民族遴选人才。
- 态度必须改变。仅靠法律实现平等是行不通的。科学领域实现真正的男女平等需要广泛的社会变革。

来到 21 世纪，我们面临巨大的挑战，而且势必会遇到更多挑战。预计到 2050 年，气候变化与海平面上升将给地球上居住的百亿人口造成粮食和安全用水问题。全球安全、社会稳定和经济繁荣仰赖于世界上每个公民的才华与智慧，不论性别、种族或民族。

为了作好准备，我们应该做好如下几件事。

积极思考

就在几天前，我正在开会，突然明确了我们的目标。但我周围的每个人都只想着为什么不去做应该做的事。人人都说它们如何不管用，时机如何不对，它如何无意义……但现在不是沮丧的时候。现在要做的是举目远眺，尽情展望。

要持之以恒。科学家唯有坚持，方能茁壮成长。原因有两点。首先，体制自身会千方百计地抵制变革。其次，大自然从不轻易透露它的秘密。实验没有产出你期待的或预期的结果时，必须想出下一步该怎么走——同样的思路也适用于推动体制变革。

要明确目标。通往成功的道路往往不是康庄大道。它可能比预期的更艰辛漫长，遍布障碍。但如果这条路通往终点，那就走它。改变体制最好的方法是在才能允许的范围内取得成功，然后就能从内部改变体制。

曾帮忙说服美国国立卫生研究院成立产科妇产项目的弗洛伦斯·哈塞尔廷（Florence Haseltine）说过："不要把'不行'当作答案。'不行'只能说明对方不想帮你，不代表你做不到。"[2]

如果你觉得这些建议是老调重弹，不妨听听克里斯托尔·约翰逊（Crystal N. Johnson）的故事。[3] 这位非裔环境微生物学家、路易斯安那州立大学终身副教授出身于密西西比州一个极度贫穷的农村家庭。她在杜兰大学念本科时，第一学期的绩点只有 0.5，因此遭到了留校察看。约翰逊说："我当时简直崩溃了，但它也点燃了我内心的火焰。"她埋头苦学，也与一群线上导师建立了联系，通过电邮寻求建议和支持（她称为"电子导师”)。她的绩点大幅提高，以优异的成绩毕业，还成功申上了研究生。约翰逊建议学生要灵活变通。如果有的办法不起作用，就另辟蹊径，化恶意为动力。她还说自己原来很内向，如果你也是个内向的人，一定要努力克服恐惧。黄诗厚说过:“幽默的力量超乎你的想象。”

告诉女孩，她们能够从事科技工作

普林斯顿大学前校长雪莉·蒂尔曼说过:“教导女孩要为自己挺身而出。如果社会完全公平了，我们自不必这样做。但就目前而言，社会并不公平——那咱们必须这样做。”[4]

教导男孩和女孩自己洗衣、做饭、打扫卫生。别让孩子们觉得理所当然，以为这个社会欠他们什么。

正如我之前所说，我最喜欢的一个国家科学基金会项目是给 STEMM 研究生发补贴，让他们每周在初高中教授五小时科学课。请支持能够让科学家和工程师——特别是让女性青年科学家和工程师——进校园的项目。[5]如果没见过科学家或工程师，你很难想象自己会成为其中一员。

家长们，老师们，要鼓励女生，让她们相信自己很聪明，学龄前的女孩也别放过。[6]女孩六岁时已经被社会教育得自认为不如男孩聪明。而且六岁的女孩已经开始不再参加为“超级聪明”的孩子筹备的活动，要么是因为她们被教育得认为这一品质不值得追求，要么是觉得自己不够格。但研究表明，一点点鼓励就可以击败这种谬论。

在女孩读幼儿园之前，就要帮她们建立学习数学和技术的信心——哪怕你对这些科目一窍不通。[7] 谷歌对美国 1600 名男性和女性展开过一项调查，得出的结论是：无论家人与老师是否懂计算机，他们的鼓励是青年女性学习计算机科学的最常见原因。其他原因还包括对谜题、问题解决和探索的兴趣，以及童年时参与过计算机科学课程和活动。

2012 年，女性仅占我国计算机科学和数学科学专业人员的 26%，而我国的计算机科学人才严重短缺。

国家女性与信息技术中心的网站为家庭提供了鼓励女孩对计算机感兴趣的十种办法。该机构受苹果、微软、美国银行、谷歌、英特尔、默克、美国电信、高知特、美国基金会和国家科学基金会的资助。

多数高中只教计算机常识（即使用计算机进行文字处理、创建电子表格、线上购物等），我认为还应该教计算机科学。计算机科学涉及任务程序编写，综合了逻辑推理、问题解决和应用新技术的能力。选择自己感兴趣的问题，比如拯救一条河，治愈一个病人，建造一所新学校……然后开始学习例如 Python、JavaScript 等计算机语言，并设计解决方案。

尽量就读重视学术的高中。要上那种让每个学生（每一个！）都力争上游、全力以赴的学校。社会很复杂，必须最大化地通过教育来培养、挖掘孩子的能力，尤其是女孩。

问问学校，从这里毕业的学生——包括女孩和男孩——是否有科学家、工程师、医生、律师、商人、企业家和有社会责任感的公务员。

尽量上有科学发现课程的学校。上实践型的科学课程，而不靠死记硬背。科学发现课程可以激发创造性思维、质疑精神、学习能力，尤其激发理解力。

自主学习

组建或加入有女孩或女性成员的学习小组。学习小组可以强化学习效果：你不懂的东西，总有别的人懂。讨论问题可以帮你找到解决方案，当你倦怠或对前途迷惘时，朋友可以开导你。

良好的教育也少不了语言与文化、文学（经典小说与当代小说、诗歌与散文）和数学。没错，数学，数学，还是数学——重要的事情说三遍。“女孩学不好数学”这一老掉牙的言论纯属无稽之谈，大错特错。

非 STEMM 领域的学科也要学。[8]美国数学学会会员、圣地亚哥大学应用数学和计算机科学教授萨强·莱纳斯·德瓦多斯（Satyan Linus Devadoss）说过：“如果能让青年摒弃对 STEMM 学科的执念，接触一些别的学科，世界会变得更美好。”我赞同他的观点。

“人文学科关心性别与种族、美丽与接纳、真理与权利，”德瓦多斯写道，“这些问题……远比造火箭更棘手。”人文学科教导我们通过“细读文本，体察修辞之微妙，接受多种认知方式，以及珍视在艰苦历史中获得的经验教训”，以此研究复杂的体系结构。

学习有效地写作与演讲。远的不说，高校更青睐对所读小说、诗歌以及感兴趣的科学研究津津乐道、有见地的学生。从长远来看，良好的阅读和写作能力能帮助你更好地思考，丰富你的生活和工作。无论在任何领域，清晰而有效的沟通对取得成功都至关重要。

我上学时修过诗歌、创意写作和文学课。不骗你，它们真的教会了我从不同的角度看问题。这个社会从未像今时今日这样需要社会和行为学家，尤其是作家和艺术家，需要他们帮助人类应对当今种种复杂的社会问题和全球性挑战。个性单一的人或许自认为成功，但实际上他们在社交方面是有障碍的。

多上学。[9] 范德堡大学的威廉·道尔（William R. Doyle）在2008年发布的研究报告中指出，女性需要多花两年去读研，才能赚取与男性同等的收入。无论在本科还是研究生阶段，接受高等教育的女性都多于男性。但道尔的研究也发现，在同等教育水平下，成年男青年的收入中位数高于女青年。

广泛探索科学技术。到你毕业的时候，你在学校里学的大半知识就已经过时了。等你就业后，现今热门的领域可能也不再吃香。而未来几年后令人趋之若鹜的领域可能今天还不存在。如果你坚持探索，不断发现自己的兴趣所在，就更能在逆境中坚持并取得成功。

尽早开始学习数学和计算机科学课程——最好在中学就开始学，越早越好。要么自学，要么选修，这样你到了大学时就能作好充分的准备。无论是哪个科学学科，古老的研究方法都在整合由高速计算机和概率数学带来的新方法。现代生物学从建模、模拟到数据挖掘，都已高度计算机化。就大型跨学科科学而言，计算机编程和统计学都是重要的工具。复杂的全球系统由大量的大数据组成，并遵循许多不同的路径。厘清它们之间的关系离不开机器学习（人工智能）和强大的可视化工具。

根据高校对待女性的表现进行评级并将结果放在网上，有助于为女性创造更平等的竞争环境。理想情况下，最好有一个在线表格列出每所大学对待女性的具体情况，尤其是研究生院。哪些大学提供托儿和课后照顾或相关的补贴？教职人员和管理层的性别比是多少？是否可以暂停终身教职的计时？哪些部门有女性教职员工，有几位，她们的职级是什么？男女教职员工的薪资相比如何？骚扰问题与相关政策也应该囊括在内。这些信息最好全部放上网，这样每个人——学生和教职工、家长和纳税人——都可以了解这所学校的特点。凭借这些信息，大家就能判断这所高校是否值得就读、是否合格。

上大学前，要有研究经验或在实验室工作的经验。否则，你会对实验室科学家这份工作缺乏实感。

“我来说说我的所见所闻，”杰出的罗格斯大学教授塔马·巴尔凯（Tamar Barkay）说，“每到春天，我往往会收到很多高中生的请求，想来我们这里过暑假。这些学生大多是我所说的科学迷。[10] 他们趁学年或暑假的闲暇尽可能地走近科学，不放过任何机会。他们要么上选修课，要么在实验室待一段时间，或者做一些特别项目，并参加各种层次的科学竞赛。”

巴尔凯建议大家上网查看可用的资源。也许你家附近有大学允许高中生参加课程，或者找指导顾问、图书馆馆员打听打听暑期实习，还可以去本地科技企业找找路子，找到在大学以前接触科学的机会。

关注《发现》《科学美国人》《新科学家》等杂志和《纽约时报》每周二的科学版面。这些杂志报纸都可以在线获取。如果哪份出版物要收费，学校通常会给学生开放免费访问权限。

实地考查，不过要在出发前收集好信息。[11] 许多社会科学、生命科学和地球科学的课程和工作都要进行实地研究。许多男教授声称考察过于艰苦，不适合娇弱的女生。女性奋斗了数十年才得以加入这些考查活动。现在，在需要进行实地考察的学科领域，本科和研究生阶段的女性人数已超过男性，经常有女性参与实地研究。但在出行前，请务必向学校或赞助机构核实考察相关的行为准则与性骚扰政策。

去读研

读研前多咨询几位导师，不要只依赖一个人的建议。你心仪的教授可能不了解研究生项目的最新信息，而且不要因为有了意向导师就选定那所高校或机构，导师可能会生重病、换工作，甚至去世。

物理学家费·阿兹伯格·塞洛弗（Fay Ajzenberg Selove）说过："建议青年女性不要去女性教职工没几个的学院读研。有女教师的话，最好是有终身教职，带女研究生的更好……若没有这类支持，女性（在科学领域）成功的可能性较小。"[12]

可以读一个有计算机科学课和统计课的博士项目，财务和管理课也很有用。一旦要读研，千万得慎选导师。这或许是科学家最重要的抉择之一。尽量找一位有助于女性事业成功的优秀科学家。以下是哈佛大学发育生物学家康斯坦斯·切普科（Constance L. Cepko）建议的选择博士生导师的前期步骤：

- 了解实验室正在进行的科研的质量。
- 要选择把学生培养成好科学家而不是只拿学生当廉价劳动力的导师。
- 读研第一年，轮换三个实验室，在每间实验室都待几个月。问问这间实验室对学生的支持如何，学生有没有得到鼓励和帮助，多找些人打听，别只问教授的爱徒。也不要仅仅出于欣赏某位共事的博士后就选他（她）的导师。
- 去教授的办公室坐上个把小时。你待得自在吗？你们的对话是不是双向交流、互相尊重的？这位教授只聊实验数据，还是也聊你未来的打算和职业规划？这位教授重视你的想法吗？离开办公室时问问自己："我愿意再来这儿吗？"[13]

美国国家科学院院长、地球物理学家玛西亚·麦克纳特解释说："科学跟其他职业不同，导师对学生未来的影响程度没有明确的法律规定。"[14] 你的博导将是深刻影响你未来多年的推荐人，影响你获得资助、会议演讲、发文章的机会。好导师还会保护研究生免受潜在剽窃者的伤害。

开拓事业

我最大的幸运是有一个在各个方面都理解和支持我的人生伴侣。我丈夫杰克和我一起读研，并肩操劳我们的小家。无论多忙，我俩都会尽量抽时间陪孩子。尽管有限，但我们把这作为优先事项。这确实让我们的生活充满了爱和喜悦。

要知道，科学家和母亲的身份是可以兼顾的。我的两个女儿都事业有成。斯泰西是医学博士，主攻发展儿科学和缓和医疗。她也有位支持她的丈夫，两人育有三个孩子。我的另一个女儿艾莉森是一位才华横溢的植物学家，志在研究植物演化，是加州地区野生花卉和寄生植物领域的权威。

切普科说，相较于大多数职业，搞学术科研更宜室宜家。[15]“我们工作努力，但又自由得不可思议。我们可以自行安排日程。要是能拿到赞助，就能做自己感兴趣的研究。所以如果你真的热爱科学，那这工作再好不过了。如果你是一位聪明的女青年，并且工作努力，就会有大把的机会。”

不要为在《科学》《细胞》或《自然》等顶级刊物发表论文这事儿苦恼焦虑。[16]生物学家兰迪·谢克曼（Randy Schekman）在2013年获得诺贝尔奖时说，那种刊物是为“关系户”服务的，并宣布他的实验室今后不再向这些刊物发文章。顶刊的编辑喜欢“惹眼”的文章，因此发论文的压力会促使研究人员一味追求时髦的科学领域，而不去关注真正重要的问题。谢克曼看好“*eLife*”，这是由同行评审的生物医学开放获取期刊，由霍华德·休斯医学研究所、马克斯·普朗克学会和惠康信托基金会于2012年创办。目前还有许多优秀的同行评审期刊也在刊发，值得关注。

不要因为某位籍籍无名的科学家并非出身主要研究机构而忽视他们的研究。科研看的是质量，而不是血统。

你或许是系里唯一的女性，是这个专业的独苗，是单位里唯一的单身母亲。如果感到孤单，你可以随时上网找到志同道合的人，建立例行联络，比如每个月线上联系两次，每年线下见面一次。不要让自己陷入孤立与无助。[17]

男性要求涨薪的概率是女性的四倍——女性就算提了，涨幅也比男性低 30%。[18] 这是卡内基梅隆大学经济学家、《女人不开口》一书的合著者琳达·巴伯科克给出的数据。女性也要现实起来，如实评估相关岗位及其职责。找顾问或导师商讨，对薪资范围形成大致的判断，取最高值跟雇主谈判。

获奖都得有人提名。找人提名你，选个你自己或是导师认为有价值的研究成果去拼奖项——男的经常这么干。[19] 把提名所需的材料发给他们，最好把提名信也写一份以供参考。如果别人找你帮忙提名，问问能否提供提名表的样稿，以便掌握正确信息。（有些男性会结对互相提名——我不赞成这种做法。）

养成为其他女性赋权的习惯。[20] 一个象征性的个体——无论是男人帮的女人、白人群里的黑人，还是女人堆里的男人——在群体中都很惹眼，很可能会被赋予刻板印象而难以融入。哈佛商学院教授罗莎贝丝·莫斯·坎特（Rosabeth Moss Kanter）解释说，如果其他女性加入你所在的团体，不管你喜欢与否，你们都会被归为一类。所以不要相互较劲，而应该彼此支持。可以从一次友好的对话开始，或者私下告诉她你欣赏她说的某句话或做的某件事。

男人如何提供帮助

已经成为女性友好盟友的男同胞可以去“教化”其他男性。遇到微歧视时要大声疾呼，让其他男性意识到自己的行为不妥，三思而后行。礼貌和善良不代表软弱，厌女症才是品格有缺陷的强烈迹象。盟友们，请记住，我们对你们深表感激。

黄诗厚说：“我再也不会报名做小组秘书或晚会策划人了……让男人干会儿吧。”[21]

不要对任何人的外貌或穿着评头论足——这些都是无关紧要的东西。它们关乎阶级、地位和财富，但体现不了人的能力或才华。

某位不具名人士曾对我说：“我的同事们很好，但开起会来就变得咄咄逼人。如果他们不同意我的想法，就会对我大吼大叫，直到我让步。真搞不懂他们怎么连基本的社交礼仪都没有。从来没见女同事对我大喊大叫。这会儿怎么没有领导说这种做法不可取了呢？”[22]

应对有毒环境

女性可能会在某个人生阶段发觉自己身处的环境有毒。在这样的环境下，任何女性的两大目标都不外乎是制止骚扰、保护学业或事业。但这几乎做不到。既如此，问题就来了：她要投诉吗？要的话，怎么投诉，向谁投诉？这里要具体情况具体分析。

就算你不想投诉骚扰事件，也要立即记下来。记录要具体，不要只说“某某人骚扰了我”，而是要准确描述他（或她）在何时何地说了什么、做了什么。然后要么把文件做公证，要么在当天把文件发送给信得过的朋友。性侵者往往是惯犯，直到被逮住和曝光。你的记录很可能会帮到之后投诉这人的女性。普遍而重复行为的证据可以佐证工作环境的有害性。

可以找大学的主管部门。即使只是你的个人遭遇，也可以请支持你的同事陪你找系主任。如果不确定系主任会不会站在你这边，找周围人打听一下：这位领导可靠吗？还是与那些人沆瀣一气？如果找系主任不管用——或者可能有点悬——那就找上面的调解员、院长、教务长、校长、董事会。从机构的角度来看，骚扰是大事，起码会带来财务危机，管理层应予以关注。话虽如此，若情况持续或愈演愈烈，可能得请律师。

一位杰出的女科学家在事业发展中期约我在下班后密会，谈论她与某位世界知名（男）科学家共事时遇到的问题，请我出主意。

我认识这个男人。他像很多老资格的男人一样，不相信女性能在智力上与男性匹敌——也不觉得被欺负的女性会反击。的确，多数时候是这样。

“谁也不该容忍这种令人发指的行径，你必须离开，”我告诉她，“但要确保你走的时候，事业不会受影响。你先把下一份工作的招聘条件列出来，最多给自己一年。把这些事一项项完成，一年后就走。”她做到了，跳槽去了更好的地方。只可惜，那个男人的恶劣行为从未得到处理。应该处理他才是。

田纳西理工大学的一位青年女教师向系主任投诉了一起骚扰事件。系主任悄悄问同事，也就是我以前的博士生莎伦·伯克（Sharon Berk）教授，可不可以让这位女教师来伯克的实验室把论文完成。她最终如愿以偿。

虽然我希望每个施害者都能立即受到处分，而不影响其虐待行为的受害者，但这类困境可能有细微的差别。美国国家科学院关于性骚扰的报告呼吁根据施害的严重程度制定惩戒措施。并非所有行为都严重到被解雇，但必须在情况恶化之前追究施害者的责任。

善用科技提供的机会

历史表明，由男性主导的行业逐渐被女性接替后，该行业的薪资会下降。这一现象正在计算机科学领域上演，接下来很可能发生在机器学习和机器人技术领域。未来的新兴产业是数据科学、人工智能和新的可视化工具，对计算机科学感兴趣的女性应该现在就开始学习掌握它们。

将女性排除在科技行业之外可能会对国家极其不利。[23]“二战”期间，英国情报部门研制出了第一台大型可编程电子计算机，叫作巨人（Colossus）。当年，英国布莱切利园里的密码破译者几乎都是女性。她们将巨人机与基础的计算机和手写技术相结合，破解纳粹德国的军用密码。随着计算机的广泛应用，操作这些计算机的女科学家被点名培训那些对数学或计算机知之甚少的男性。这些擅长技术本身与教学的女性在传授完专业知识后便被解雇了。此后，英国的计算机行业远远落后于美国。

专利申请通常是获得咨询工作或企业的科学咨询委员会有偿职位的第一步。男性生命科学家申请专利的数量是同行女性的两倍。如今，大多数高校都设有专门的办公室帮科学家申请专利，女性要好好利用这些办公室。

在企业或非营利组织的董事会任职可以为获取商业和工业领域的科研机会和资金赞助打开一扇门。建议女同胞们针对企业董事会成员资格专门做一份简历。可以先从本地组织的志愿董事会成员做起，然后逐渐加入区域董事会，最后把简历发给为企业界招聘董事会成员的人力专员。

做科学的代言人

科学和技术是现代社会的支柱，但国会对科学的支持正在减弱。超过半数的美国人不相信进化论，[24] 越来越多的父母罔顾 20 世纪最重大的一项医学突破，不再给孩子接种疫苗。每位科学家都有责任向公众科普自己的研究，力求通俗易懂。若不能说服全国人民相信基础科研应当居于更高优先级，整个国家会陷入严重危机。每位女科学家都必须为科学代言，学会有效地向公众、向代表你的立法者介绍你所在的领域。向他们反复强调更多女性进入理工科，这些领域就会越发达——社会也会因此更美好。学会游说，积极竞选公职。

女科学家最应该大声疾呼的重要问题就是保育。[25] 我们要呼吁普遍、可负担、高质量的儿童保育。美国近半数的女科学家在生下头胎后就离开了全职科学岗位。

相比之下，80% 的男博士后研究员和未育的女博士后研究员留在了科研行业。女教职工的孩子往往少于男同事——或者比她们想要的少。

1972 年，国会通过了一项两党法案，拨款建设全民儿童保育体系。但理查德·尼克松总统否决了该法案。他的否决使国家痛失了整整两代女性科学家以及她们本可以做出的科学发现，也导致两代孩子在母亲白天工作时失去了本该拥有的安全场所，与其他孩子互动、学习早期沟通和逻辑技能的机会。在国会共同努力为所有人提供托儿服务之前，雇主们不得不这样“狠心”。

现在，很多高校都为教职员工、博士后和研究生提供托儿设施，还给有孩子的本科生和员工发放托儿补贴。学校还会给教职工的孩子减免大学学费。田纳西理工大学的莎伦·伯克教授还提出：“能否允许（青年教职人员）把部分研究资金用于日托服务？”

保护州立大学也是一个与妇女相关的举措。女性离不开这些离家近且负担得起的高等教育。虽然在过去几十年里，女性在事业和家庭平等方面取得了一些进展，但总的来说，我们的收入仍然低于男性，承担的家庭责任也更重。

倡导争取更多科研经费。研究经费一旦枯竭——最近我们就面临了此类问题——青年女性的经费往往最先被砍。拨款往往流向已建立起声誉的科学家和工程师主导的低风险项目。

在美国，医学研究的主要资助机构美国国立卫生研究院给36岁以下科学家的整体拨款比例在1980年至2017年从5.6%下降到了1.5%。[26]国家科学院前院长布鲁斯·阿尔伯茨（Bruce Alberts）和文卡特什·纳拉亚纳穆尔蒂（Venkatesh Narayanamurti）在《科学》杂志上发表社论批评称："如果近99%的投资都给了36岁及以上的科学家和工程师，且过度倾向于安全的非高风险项目，硅谷还能有多少成就？"

得州大学奥斯汀分校高级计算中心的超算科学家约翰·韦斯特（John West）说："从经济角度来看，这真的很不理智。如果一直资助这些人，但他们在互联网领域一直没搞出点新名堂，你觉得是什么情况？说明他们不太行。那为什么不试试资助些新人，没准有惊喜呢！"

告诉立法者，基础研究资金不足有损美国的教育水平和全球竞争力。企业跳板创始人艾米·米尔曼偶尔在华盛顿特区给研究生上商业课程。[27]一天，她环顾四周，发现自己是教室里唯一的美国公民，学生全部是外来族裔。国会和州立法者不支持公立高等教育，高校只好提高学费，大量接收付得起全额学费的国际生，美国学生却付不起。目前，STEMM学科近一半的博士生来自别国。一些州立大学由于资金紧张，其 STEMM 领域的研究生以外国学生居多，主要来自亚洲。何况，我们花了数十亿美元培养外国学生，但我们的移民法又不允许他们毕业后留在美国，他们只能返回自己的祖国。他们大多回去从事技术开发，其祖国的技术最终将与美国的技术抗衡。立法者应改一改，把美国培养的人才留在美国。[28] 正如阿尔伯茨、纳拉亚纳穆尔蒂在《科学》上指出："美国必须审慎考虑签证与移民政策，让在美国获得 STEMM 研究生学位的外国学生更容易获得绿卡，同时规定每份工作签证自动覆盖雇员的配偶和子女。"纳拉亚纳穆尔蒂的这番话可不是随便说说的：他本人就是移民。来美国 40 年后，他成了哈佛大学工程与应用科学学院的创始院长。

要求那些不愿意指导女性的科学家担起责任。[29] 美国国立卫生研究院的大多数拨款仅考量那些提出和完成的研究，但拨款还应该考虑实验室实习人员的多样性。美国国立卫生研究院应坚持要求 RO1 拨款（其主要研究拨款类型）的申请人出具该实验室所有实习博士后和研究生的名单，以及每位实习生当前所从事的研究工作。如果发现两份拨款申请的科学价值相当，则应将经费拨给成员更具多样性的实验室，实习生名单还应该公开。这是斯坦福大学神经科学家本·巴雷斯的想法。巴雷斯指出，如果最优秀的男性科学家拒绝指导最优秀的青年女性，则女性成功的希望渺茫。

目前，政府机构和大学允许男性教职工使用纳税人资助的研究创办全男性科技公司——哪怕是女研究员担任领导者的生物技术领域也是如此。[30] 大学设有专门的办公室，负责对教职工和学生的研究成果发放许可，以便他们创业。大学应当审查初创企业的创始人和董事会。初创企业的董事会起码应该包括该领域领先的女性研究员。这也对初创企业有利，因为已有研究表明，多样性能够提升成功机会并提高利润率。

更多举措

将改革举措制度化，使之延续。[31] 一年一度的全球超级计算大会每年吸引 1.2 万人参会，多数为男性，但组委会从未收集过 600 位志愿者的人口统计信息。全球最快的学术超级计算机的所在单位，得州高级计算中心的约翰·韦斯特打算把这事儿做了。“一年时间不足以让志愿者委员会把某些举措制度化，”韦斯特点明，“大会主席的任期只有一年，所以哪怕你推出点精彩的举措，只要接下来的一两位新主席不买账，这些举措也会很快消亡。”因此，韦斯特担任 2016 年度主席后，便挨个儿说服了后来的三位当选主席。他们均表示："好的，我们也想统计一下人口数据。"他们的确这么做了——并利用这些信息提高了参会女性的数量。

跨出学术科学。指导62位博士生是我此生的一大成就。他们当中的许多人成为大学教授，4人当选为美国国家科学院院士。但科学博士学位就跟法学学位一样，可以在很多不同的领域发挥作用。不少学生在政府实验室和机构单位工作，也有的担任高校行政人员、做企业家、环保主义者或医学研究人员，还有一位风险投资家、一位酿酒师和一位艺术家。

如今，美国科学界最具声望的四家机构，都有（或曾有）女性一把手，包括国家科学基金会、国家科学委员会、国家科学院和美国科学促进会。但等一下……好像有点儿不对。这些女领导基本全是自然科学家：两位地球物理学家，一位天体物理学家，还有一位计算机科学家。而今的科学界大多数女性都从事着生物科学研究，它堪称最有趣且智力挑战性极强的领域。然而这些女性没有一人担任上述领导职务。

物理学家费·阿兹伯格·塞洛弗曾说过："告诉男性助教和男研究生，对所有学生（包括女生）都要有礼貌和尊重。否则可能会被开除。对来自男性主导下的社会的外国男生而言，可能要格外强调这一点。"[32]

记得吧，反性骚扰培训可能会产生反作用。[33]得知他人有偏见后，人们可能会表现出更多刻板印象，与他人合作的意愿降低，更加以偏见待人。如今，很多反性骚扰培训通过在线微课或短视频进行。这并不好。应该请符合资质的培训师现场举例解说具体的不恰当行为。培训的目标是建立行为标准，别想着改变他人的态度和观念。

杜绝全男性研究委员会，尤其是在招聘教职人员时。海量的证据表明，这种委员会倾向于雇用男性，而非符合同等条件的女性。不幸的是，许多院系至今还在任用研究委员会推荐的任何人选，而不做进一步审查。

工作多年，我目睹了女性在科学领域取得的巨大进步，但依旧任重道远。教育界的领导层也需要开始行动了。

继一连串科学界性骚扰的知名案例以及国家科学院的报告发布后，美国地球物理联合会、美国科学促进会和美国医学学院协会于 2018 年末成立了“STEMM 领域反性骚扰联合学会”，携手逾百家科学组织共同打击性骚扰。[34]国家科学院这份报告的结论是“眼下，职场文化仍是最直观的性骚扰晴雨表”。哪怕是“性骚扰可以容忍”的观念也会增加此类事件发生的概率。该联合学会计划为学术、医疗和研究机构提供打击性骚扰的政策模版。另外，为落实国家科学院报告的建议，有63家科学机构或组织开展了“高校反性骚扰联合行动”。

看着女性科学家及盟友们为实现真正的职场公平而需要采取的行动清单，我感到未来的岁月并不轻松。近半个世纪前，生物学家彼得·梅达沃尔（Peter Medawar）首次指出：“当今世界局势纷繁复杂，日新月异。若人类不利用好一半人口的聪明才智，根本无法维持以往的进步态势（更别说改善了）。”[35]而今，STEMM领域的情况已有显著改善。这些进步归功于在过去几个世纪里勇敢引领的女性：那些发起妇女选举权运动的女性；那些组建姐妹会，发起女权运动及近年来复兴这些运动的女性；以及那些勇敢推动#MeToo运动及相关衍生行动的女性。我希望您在读完本书后对科学界的女性如何成为这段厚重历史的一分子有更深入的了解，我们正处于科学、技术和工程领域突破的时代，待做的还有很多很多——因此可做的也有很多很多。

只要我们齐心协力，未来无限光明。

致　谢

真诚的一生犹如一座花园，美丽而丰富多彩的花朵在这里或盛放，或散落在时光的幽暗角落里。这些花儿有的芬芳馥郁，有些长着尖刺。我的记忆花园中满是关爱与善意……亦不乏夹杂其间的荆棘。首先要感谢那些给予我快乐和幸福的人：我的父亲路易斯·罗西，他对公平、公正和教育的执着为我奠定了坚实的基础和强大的庇护；我的姐妹玛丽·乔治（Marie George）、尤兰达·弗雷德里克斯（Yolanda Frederikse）和保拉·比奥拉（Paola Biola），始终给予我精神上的支持，无条件地爱我；我心爱的丈夫杰克·考威尔，与我终生共度冒险和探索；我的孩子艾莉森·考威尔和斯泰西·考威尔，你们美好而富有才华，让我的人生充满意义；我的女婿理查德·坎宁（Richard Canning）和布鲁斯·庞曼（Bruce Ponman）则为我的生活拓展了新的维度，为此我一直深深地感激。

我耐心的助理维基·洛德（Vickie Lord）与我分担了无尽的修订工作和对精准措辞的苦求。我还要真诚地感谢我的每一位学生，特别是通过出色的研究工作和许多讨论为本书作出贡献的安瓦尔·胡克、詹姆斯·卡珀、乔迪·德明、塔马·巴尔凯、罗纳德·西泽摩尔（Ronald Sizemore）、詹姆斯·奥利弗（James Oliver）、约翰·施瓦茨（John Schwarz）、金子达雄、罗纳德·西塔雷拉、莎伦·伯克、小谷和弘、道恩·艾伦·奥斯汀、布莱恩·奥斯汀、艾弗·奈特、达琳·罗萨克·麦克唐纳、史蒂文·奥恩多夫、查尔斯·萨默维尔、保罗·塔博、康斯坦斯·切普科、安塔普里特·朱特拉和努尔·哈桑。

许多朋友和同事也对本书贡献良多。特别感谢我的同事本·施奈德曼（Ben Shneiderman）、山姆·约瑟夫（Sam Joseph）、本·卡瓦里（Ben Cavari）、卡拉·普鲁佐、莫妮卡·彭姆普伊、多米尼克·赫维奥·希思、帕特里克·蒙福特、南希·霍普金斯、罗伯特·伯根诺、保罗·加夫尼以及来自欧洲、亚洲、南美洲、非洲、澳大利亚、新西兰和加拿大的许多出色的同事、学生、博士后研究员和来访科学家。

我必须特别感谢我的合著者莎朗·伯奇·麦格瑞，她在挖掘事实和数据方面具有出奇的才能和天赋，并且对所有事件进行了准确地梳理与解读。若没有她的合作，此书难以写成。

特别感谢普里西拉·潘顿（Priscilla Painton）、梅根·霍根（Megan Hogan）和苏珊·拉碧娜（Susan Rabiner）在处理紧急情况、意外事件和偶尔危机时的耐心和善意，他们总是冷静和理智。

——丽塔·罗西·考威尔

首先，我要感谢丽塔·考威尔给了我与她合作并向她学习的机会。我还要感谢普里西拉·潘顿对本项目的信任以及全程给予的支持，她是我心目中的完美编辑。她的得力助手梅根·霍根协助我们整理、编辑手稿，感谢她出色的付出。马里兰大学的维多利亚·洛德（Victoria Lord）提供了时刻准备好的信息来源和欢呼。当然还要感谢我们的代理商苏珊·拉碧娜，如果没有她多年的支持和敏锐的建议，不会有这本书。

我也感谢以下慷慨接受采访的人们。

前言　不再隐没

Margaret Walsh Rossiter

第一章　不行，女孩不行！

Paola Biola、Barbara Cohn Younger、Jack H.Colwell、Andrew G.DeRocco、John G.Holt、David M.Hovde、Margaret Jauron Luby、Dale Kaiser、Henry Koffler、Lorna Laroe Lieberman、Marianne Mayer Wentzel、Laura L.Mays Hoopes、Harry Morrison、Wenham Museum、

Yolanda Rossi Frederikse、Marie Rossi George、Marilyn Treacy Miller Fishman、William Wiebe

第二章　独行：拼拼凑凑的求学路

Artrice F.Valentine Bader，Anna W.Berkovitz，William J.Browning，George Chapman，Kenneth K.Chew，J.Alfred Chiscon，Martha O.Chiscon，Helen Remick、James T.Staley、Frieda B.Taub、Shirley M.Tilghman、Suzanne E.Vandenbosch、Arthur H.Whiteley 以及档案管理员 John D.Bolcer 和 Kathleen Brennan。

第三章　姐妹情

Ben A.Barres、Joan W.Bennett、Sheila Bird、Charlotte G.Borst、Jean E.Brenchley、Lynn Caporale、Eugenie Clark、Carol A.Colgan、Kelly Marjorie M.Cowan、Elizabeth L.R.Donley、Walter R.Dowdle、Richard A.Finkelstein、Angela Ginorio、Michael Goldberg、Florence P.Haseltine、Nancy Hopkins、Rita Horner、Alice S.Huang、Barbara H.Iglewski、Samantha B.Joye、Sally Frost Mason、Anne Morris Hooke，Frederick C.Neidhardt、Vivian Pinn、Sue V.Rosser、Margaret Walsh Rossiter、Sara Rothman、Karla Shepard Rubinger、Moselio Schaechter、Pat Schroeder 和美国微生物学会档案管理员 Jeff Karr。我还感谢学会于 2014 年 4 月 29 日至 30 日为访问巴尔的摩县马里兰大学微生物史 /ASM 档案中心（CHOMA）提供的旅费。

第四章　阳光的力量

Lotte Bailyn、Penny Chisholm、Nancy Hopkins、Marc A.Kastner、Marcia McNutt、Christiane Nüsslein Volhard、Shirley Tilghman 以及麻省理工学院教务长办公室机构研究主任 Lydia J.Snover 提供的信息。

第五章　霍乱

Amanda Allen、Tamar Barkay、Sharon Berk、Jack H.Colwell、Jody W.Deming、William "Buck" Greenough、D.Jay Grimes、Patricia Guerry、John G.Holt、Anwar Huq、Samuel W.Joseph、Antarpeet

S.Jutla、James B.Kaper、Ivor T.Knight、Darlene Roszak MacDonald、PatriciaMorse、James D.Oliver、Steve A.Orndorff、Estelle Russek-Cohen、R.Bradley Sack、Ronald Sizemore、Charles Somerville、Mark Stromm，Paul S.Tabor、Michelle L.Trombley 和档案管理员 Leslie Fields，Mount Holyok 学院；Louise S.Sherby 和 Christopher Browne，亨特学院；James Stimpert，约翰·霍普金斯大学；Jeanne d'Agostino，纪念斯隆 - 凯特琳癌症中心。

第六章　女性越多 = 科研越好

Ruzena Bajcsy、Barry Barish、Diana Bilimoria、Amy Bix、Joseph Bordogna、Norman Bradburn、Norma Brinkley、Mary E.Clutter、Jack H.Colwell、Thomas N.Cooley、Robert W.Corell、Margo H.Edwards、Karl A.Erb、Rachel A.Foster、Jillian Freese、Valerie G.Hardcastle、Alice Hogan、Stacie Furst Holloway、Anwar Huq、Beth-any Jenkins、Margaret Leinen、Marcia K.McNutt、Barbara A.Mi-kulski、Constance A. Morella、Anna Ruth Robuck、Marty Rosenberg、Vernon D.Ross、Tatiana Rynearson、Barbara E.Silver、Howard J.Silver、Alexa Sterling、Philippe M.Tondeur、Michael S.Turner 和国家科学基金会档案管理员 Leo Slater。

第七章　炭疽信疑云

Teresa G. "Terry" Abshire、Bruce Budowle、Thomas A.Cebula、Rich-ard Danzig、R.Scott Decker、Daniel Drell、John Ezzell、Steve Fienberg、Claire M.Fraser、Gigi Kwik Gronvall、Jeanne Guillemin、Paul J.Jack-son、Norman Kahn、Paul S.Keim、Michael R.Kuhlman、Vahid Majidi、Matthew Meselson、Ari A.N.Patrinos、John R.Phillips、Adam Phil-lippy、Mihai Pop、Jacques Ravel、Timothy D.Read，Steven L.Salzberg、Scott T.Stanley、Ronald A.Walters、David Willman、Linda Zall、Raymond Zilinskas

第八章　从老男孩俱乐部到青年俱乐部再到慈善家

Linda Babcock、Candida Brush、Alan H.DeCherney、Samantha

Joye、Marc Kastner、Robbie Melton、Charles "Chuck" Miller、Amy Millman、Carol A.Nacy、Ginny Orndorf、Steve Orndorff、Kurt Soderlund

第九章　不是个人的问题，而是体制的问题

Arturo Casadevall、Jennifer T.Chayes、Jo Handelsman、Nicole Smith、Claude M.Steele、Lee J.Tune、Jay Van Bavel

第十章　我们能行

Tamar Barkay、Ben Barres、Ruth Ann Bertsch、Constance L.Cepko、An-drei Cimpian、Lorraine Daston、Florence Haseltine、Marie Hicks、Nancy Hopkins、Alice Huang、Crystal H.Johnson、Marcia McNutt、Amy Mill-man、Lucy Sanders、Shirley M.Tilghman、John West

对以上全体人员，我深表感谢。

——莎朗·伯奇·麦格瑞

我们还要共同感谢在本书初稿阶段提供过帮助或对部分内容提出意见的许多朋友，包括：Theresa G.Ab-shire、Ashley Bear、Joan Bennett、Fred Bertsch、Ruth Ann Bertsh、Marie Joelle Dominioni Blaizot、Bruce Budowle、Richard Canning、Davis J.Cassel、Barbara Cohn Younger、Jean Colley、Alison Colwell、Jack H.Colwell、Stacie Colwell、France Córdova、Scott Decker，Jody Deming、Jennifer Doudna、Elizabeth Morrow Edwards、Claire M.Fraser、Yolanda Rossi Frederikse、Marie Rossi George、Angela Gino-rio、Maria Y.Giovanni、Jeanne Guillemin、Jo Handelsman、Dominique Hervio Heath、Alice Huang、Sam Joseph、Antarreet S.Jutla、Norman Kahn、Carolyn W.Keating、Ivor Knight、Michael R.Kuhlman、Neal Lane、Hilary Lapin Scott、Margaret Leinen、Rachel Levinson，Victo-ria Lord、Gary Machlis、Matthew Meselson、Patrick Monfort、Anne Morris Hooke、Emilia Muller Ginorio、James D.Oliver、Ari A.N.Patrinos、

John R.Phillips、Monique Pommepuy、Bruce Ponman、Carla Pruzzo、Jacques Ravel、Kitsy Rigler、Debra Samson、Ben Schneider-man、Frieda Taub、Ronald A.Walters、Audrey Weitkamp、David Will-man、Chuck Wilson。

参考资料及推荐阅读，
请扫码查阅

图书在版编目(CIP)数据

她的实验室 : 一位女科学家走过的性别歧视之路 / (美)丽塔·考威尔,(美)莎朗·伯奇·麦格瑞著 ; 柯宁译. -- 北京 : 中国工人出版社, 2024. 8. -- ISBN 978-7-5008-8497-2

Ⅰ. K837. 126. 1

中国国家版本馆 CIP 数据核字第 2024A58Z62 号

著作权合同登记号:图字 01-2023-5196

她的实验室:一位女科学家走过的性别歧视之路

出 版 人　董　宽
责任编辑　陈晓辰
责任校对　张　彦
责任印制　黄　丽
出版发行　中国工人出版社
地　　址　北京市东城区鼓楼外大街 45 号　邮编:100120
网　　址　http: //www.wp-china.com
电　　话　(010)62005043(总编室)(010)62005039(印制管理中心)
　　　　　(010)62001780(万川文化出版中心)
发行热线　(010)82029051　62383056
经　　销　各地书店
印　　刷　天津中印联印务有限公司
开　　本　880 毫米 ×1230 毫米　1/32
印　　张　10.25
字　　数　200 千字
版　　次　2024 年 10 月第 1 版　2024 年 10 月第 1 次印刷
定　　价　68.00 元